U0036372

GIMP 影像繪圖魔法師

圖書編號：SA28
ISBN：978-986-91641-4-6

作　　者：小石頭編輯群‧夏天工作室
發 行 人：吳如璧
出 版 者：小石頭文化有限公司
　　　　　Stone Culture Company
地　　址：台北市大安區信義路四段263號7樓之2
電　　話：(02)2630-6172
傳　　真：(02)2634-0166
E - mail ： stone.book@msa.hinet.net
郵政帳戶： 小石頭文化有限公司
帳　　號： 19708977

國家圖書館出版品預行編目資料

定價 249 元　‧　2016 年 04 月　初版

GIMP 影像繪圖魔法師
/ 小石頭編輯群‧夏天工作室 編著
-- 臺北市：小石頭文化，2016 .04
　　　面；　　公分

　ISBN 978-986-91641-4-6 (平裝)

1. 電腦教育　　2. 數位影像處理
3. 電腦繪圖　　4. 小學教學

523.38　　　　　　　　　105001369

書局總經銷：
聯合發行股份有限公司
電話: (02)2917-8022

學校發行：
校園文化事業有限公司
電話: (02)2659-8855

零售郵購：
服務專線: (02)2630-6172

* 特別感謝：
　本書第五課中花卉照片，為臺北市
　博愛國小黃議德老師授權使用。

九年一貫能力指標

課別	課程名稱	融入學習領域	對應能力指標
一	影像處理與 GIMP - 認識數位影像、影像處理 與 GIMP	資訊教育	1-2-1 能瞭解資訊科技在日常生活之應用。 2-2-2 能操作視窗環境的軟體。 3-2-3 能操作常用之繪圖軟體。
		藝術與人文	1-2-1 探索各種媒體、技法與形式，瞭解不同創作要素的效果與差異，以方便進行藝術創作活動。
二	我的專屬公仔 - 影像去背、合成 與簡單文字輸入	資訊教育	3-2-3 能操作常用之繪圖軟體。
		藝術與人文	1-3-1 探索各種不同的藝術創作方式，表現創作的想像力。 1-4-4 結合藝術與科技媒體，設計製作生活應用及傳達訊息的作品。
三	班徽輕鬆畫 - 繪圖、自訂色彩與圖層運用	資訊教育	2-2-2 能操作視窗環境的軟體。 3-2-3 能操作常用之繪圖軟體。
		藝術與人文	2-1-5 接觸各種自然物、人造物與藝術品，建立初步的審美經驗。
四	專題報告封面設計 - 自製邊框、筆刷塗鴉與立體感文字	資訊教育	2-2-2 能操作視窗環境的軟體。 3-2-3 能操作常用之繪圖軟體。
五	校園花卉巡禮 - 相片拼貼、影像特效 與彩繪文字	資訊教育	2-2-2 能操作視窗環境的軟體。 3-2-3 能操作常用之繪圖軟體。
		藝術與人文	1-2-1 探索各種媒體、技法與形式，瞭解不同創作要素的效果與差異，以方便進行藝術創作活動。
六	我的麻吉樹 - 圖層遮罩與濾鏡文字特效	資訊教育	2-2-2 能操作視窗環境的軟體。 3-2-3 能操作常用之繪圖軟體。
		語文學習 - 國語文	1-3-3-2 能運用注音輸入的方法，處理資料，提升語文學習效能。
七	海報設計大賽 - 形狀/文字內嵌圖片 與路徑文字	資訊教育	3-2-3 能操作常用之繪圖軟體。
		語文學習 - 國語文	6-4-7-3 能練習利用電腦，編印班刊、校刊或自己的作品集。
		藝術與人文	1-4-4 結合藝術與科技媒體，設計製作生活應用及傳達訊息的作品。
八	動畫加油卡 - 圖層群組、動態筆刷、 編輯與匯出動畫	資訊教育	3-2-3 能操作常用之繪圖軟體。 3-3-3 能使用多媒體編輯軟體進行影音資料的製作。
		藝術與人文	1-2-4 運用視覺、聽覺、動覺的創作要素，從事展演活動，呈現個人感受與想法。 1-4-4 結合藝術與科技媒體，設計製作生活應用及傳達訊息的作品。

課程教學系統

課程配合教材內容，提供一系列的【教學工具】，讓教學能更方便的提供給學生，以增進學習的成果喔！

課程教學雲

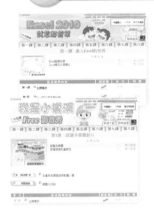
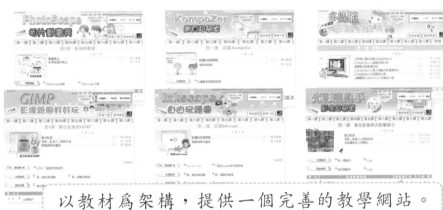

以教材為架構，提供一個完善的教學網站。

觀念學習動畫

學習重要的觀念動畫影片。

圖庫資源

豐富好用的教學圖庫素材。

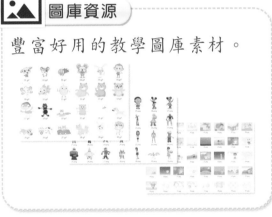

教學資源

幫助教學應用的工具。

測驗評量

幫助學習評量的測驗系統。

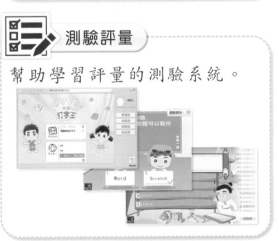

目錄

六年一班

4 專題報告封面設計 - 自製邊框、筆刷塗鴉與立體感文字

5 校園花卉巡禮 - 相片拼貼、影像特效與彩繪文字

6 我的麻吉樹 - 圖層遮罩與濾鏡文字特效

7 海報設計大賽 - 形狀／文字內嵌圖片與路徑文字

8 動畫加油卡 - 圖層群組、動態筆刷、編輯與匯出動畫

1 影像處理與GIMP

— 認識數位影像、影像處理與GIMP

你看！
有飛碟！

一起來學習
影像處理吧！

1 什麼是數位影像

2 拍照的技巧

3 什麼是【影像處理】

4 常見的影像處理軟體

5 用【GIMP】可以做什麼

6 認識【GIMP】操作介面

7 小試身手 -
裁切、更改尺寸與匯出

1 什麼是數位影像

可以在電腦或智慧型裝置(智慧型手機、平板電腦...)上顯示的影像，就是【數位影像】。你可以透過影像處理軟體來美化、加工繪製、合成與儲存這些影像喔！

傳統影像

容易變色、損壞，也較不環保

數位影像

保存更久、應用方便，也很環保

了解【點陣圖】

用智慧型手機、數位相機拍攝、掃描器掃描或影像處理軟體製作的圖檔，這類的影像大多是【點陣圖】，它的特性是：

檔案大	適合相片加工與影像處理	常見格式是：JPG、PNG、GIF...

放大檢視影像細節，會顯示如馬賽克般的鋸齒狀粗顆粒。

【像素】、【解析度】與【影像尺寸】、【列印尺寸】

認識數位影像，還有幾個專有名詞需要知道，它們是：

● 像素：數位影像的計算單位。

● 解析度：1英吋有多少【像素】(格點)。

一般而言，應用於網路的影像，只要解析度72；如果應用於印刷品，則需要解析度150~300以上。

解析度越高，影像越清晰，列印品質越好，但檔案越大

300像素　　72像素

● 影像尺寸：螢幕上顯示的大小，一般用的單位是【像素值 x 像素值】，例如【1024 x 768 像素】。

● 列印尺寸：列印時的長寬，一般用的單位是【寬度 x 高度】，例如【15 x 10 公分】。

將 3 張相同解析度、不同影像尺寸的圖檔，拉大到相同列印尺寸，可比較出構成圖片的像素越少，細節就越不清楚，反之就越清楚。

800 x 600 像素　　400 x 300 像素　　200 x 150 像素

如何取得數位影像

以下的幾項設備，可以拍攝數位影像、傳輸到電腦中使用；也可以從市售的圖庫光碟、網路搜尋取得(勿侵犯智慧財產權)；另外，亦可經由影像處理軟體編輯而產生。

數位相機

DV 攝影機

智慧型手機

網路攝影機

圖庫光碟

網路搜尋

軟體編輯

想將手上的照片、圖畫與雜誌上的圖片變成數位影像，該怎麼做呢？

掃描器

常見的數位影像 (點陣圖) 檔案格式

數位影像的檔案就是電腦可以讀取的格式。但數位影像的格式繁多，且使用目的都不相同。讓我們來看看目前數位影像所使用的格式與特點：

圖示	格式	透明背景	動畫支援	特　點
	jpg	✗	✗	最常見的格式，常見於數位相片
	gif	O	O	最常見於製作動畫，檔案容量小
	png	O	✗	最常用於網頁製作，影像品質佳
	tif	O	✗	常用於印刷輸出
	bmp	✗	✗	Windows 系統的標準影像格式

注意：因電腦安裝的軟體不同，顯示的圖示可能會不一樣喔！

 老師說

數位影像依組成原理不同，除了【點陣圖】外，還有一種用繪圖軟體繪製的【向量圖】。它的特色是：放大檢視細節，圖像品質依然清晰、銳利！

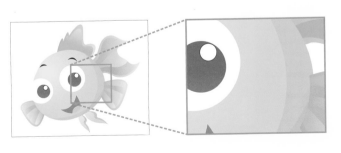

- 檔案小
- 適合繪製卡通、平面圖案
- 代表軟體：Inkscape、CorelDRAW、Illustrator...
- 常見的檔案格式：SVG、CDR、AI...

第 1 課

2 拍照的技巧

用智慧型手機拍照(或錄影)，對現代人而言，是稀鬆平常的事。但為什麼有些人拍出來的照片，就是比較好看呢？其實只要記得以下四個口訣，你也可以是攝影達人喔！

手拿穩

手機拿穩、避免晃動！按下快門的同時可以試著閉氣，減少晃動，若有三腳架或物件可固定手機，那是最好。

光線夠

拍攝的環境光線要充足！但也要避免背光與鏡頭朝向光源 (逆光)。

對焦準

智慧型手機大多會自動對焦，務必等到螢幕中影像變清晰 (或點一下主角進行對焦) 後，再按快門。

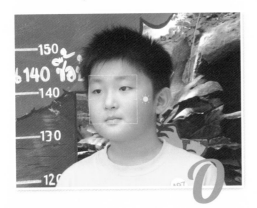

構圖佳

拍照最基本的構圖法，就是井字構圖 (又名黃金分割法)，主角或物件，儘量位於格線正中央。
(若主角刻意安排不在畫面正中央，記得對焦也必須清楚的在主角上喔！)

第1課

拍攝後，若有些相片真的不夠理想，或者想讓它更漂亮，該怎辦呢？用影像處理軟體，例如【GIMP】....，就可以做進一步的美化處理喔！

3 什麼是【影像處理】

【影像處理】就是對影像做擷取、美化、合成加工、繪圖與特效...。讓原本的影像,變得更精彩漂亮、活潑有趣!

更改影像大小(影像減肥)

1,850KB

350KB

裁切影像

影像去背

繪圖與美化影像

我變!我變!
我變變變!

合成與影像特效

文字特效

麻吉　麻吉
麻吉　麻吉
麻吉　麻吉

4 常見的影像處理軟體

常見的影像處理的軟體很多，如 GIMP、PhotoCap、光影魔術手、Photoshop....等，為什麼要學 GIMP 呢？

PhotoCap

光影魔術手

GIMP

- 免費合法使用
- 軟體取得容易
- 操作容易，而且相容性高

本書選用

第1課

要怎麼取得【GIMP】呢？

可以到下列網址下載：

校園下載服務網　　老師的教學網站

book.eduweb.com.tw

位置 8

老師說

如何下載與安裝【GIMP】，請看教學影片。

在這裡：_____

5 用【GIMP】可以做什麼

發揮創意，搭配功能強大的【GIMP】，就可以做出超多的影像處理作品！塗鴉、繪圖，也難不倒！而且還可以做動畫喔！

影像擷取與合成 - 公仔

繪圖 - 卡通、班徽與塗鴉

平面設計 - 卡片與封面

多圖表現與文字特效 - 創意相片秀

圖片與形狀、文字的結合 - 海報製作

GIF動畫

6 認識【GIMP】操作介面

遵照老師指示，啟動【GIMP】，認識一下它的操作介面吧！

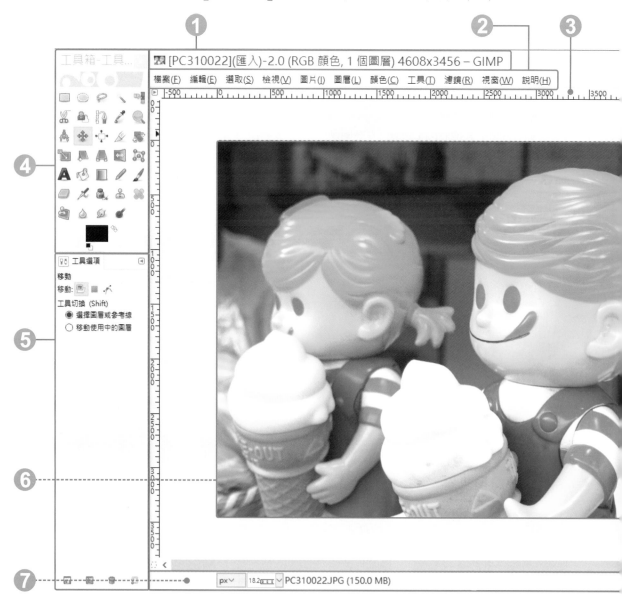

若誤關了浮動面板，想恢復原狀，可按
【編輯 / 偏好設定 / 視窗管理】，再點選
【將視窗位置設定為程式本身的預設值】
即可恢復。

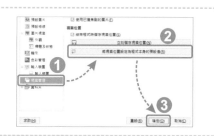

用 GIMP 編輯、具有多個圖層的檔案，可以存成 .xcf 專案檔，以便隨時開啟編修。

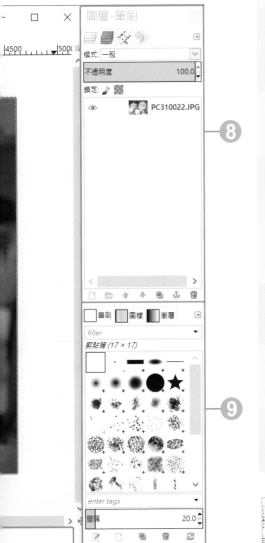

①	標題列	目前開啟的檔案名稱、圖片資訊與軟體名稱
②	功能表列	GIMP 的所有功能
③	尺規	包含橫向與直向尺標，可量測圖片尺寸(開啟文件後才會出現)
④	工具箱	最常用的編輯工具
⑤	工具選項	點選工具後，出現該工具的設定選項
⑥	編輯區	編輯影像的工作區域
⑦	狀態列	顯示目前的編輯狀態、比例與檔案大小
⑧	圖層面板	預設包含圖層、色版、路徑與復原面板功能
⑨	分頁面板	預設包含筆刷、圖樣、漸層填色面板

第 1 課

推薦的分佈方式

啟動 GIMP 後，面板與視窗若呈現分很開的現象，可以拖曳各自的標題列與邊框，移動與縮放成想要的分佈方式。

7 小試身手 - 裁切、更改尺寸與匯出

接著讓我們練習如何擷取影像的某個區域、更改影像尺寸，然後將成果匯出成想要的格式檔案吧！

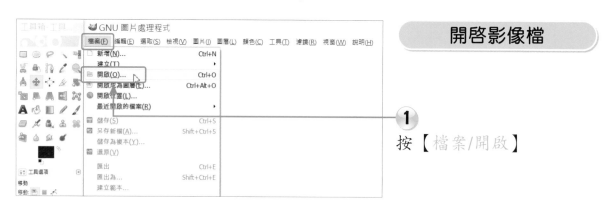

開啟影像檔

1 按【檔案/開啟】

2 點開本書光碟【範例/課程-檔案/01】或老師指定資料夾

3 點選【01-吉米公園.jpg】

4 按【開啟】

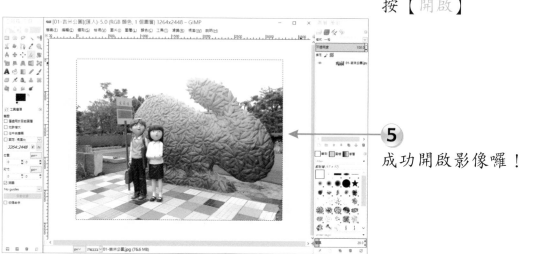

5 成功開啟影像囉！

調整顯示比例

1

按【檢視/縮放/圖片縮放以符合視窗大小】

小提示

顯示比例是調整圖片在視窗中的顯示大小，不會影響圖片的實際尺寸喔！

2

圖片以等比例縮放的方式，在視窗中顯示到最大(但不會超過視窗大小)

小提示

這種顯示方式，既可完整顯示圖片，又不會顯得過大，最方便做影像編輯了！

第 1 課

老師說

你也可以用以下方法調整顯示比例：

A 按 🔍【縮放顯示工具】。

B 點選【拉近】(放大)或【拉遠】(縮小)。

C 移動游標 或 到圖片上點一下，即可縮放顯示比例囉！

按住 Ctrl ，也可切換【拉近/拉遠】

1 按 【剪裁工具】

2 如圖示,從左上向右下, 拖曳出一個剪裁區域

3 若有需要,可將游標移到 剪裁框四個角的控點上, 拖曳調整框選範圍(約如 圖示大小)

4 確定想要的範圍後,到框 選區內,點一下左鍵

 老師說

當照片不小心拍到不要的影像(例如路人甲、垃圾...等)時,可以用【裁切】 的功能,將它們刪除掉!除此之外,在一張比較【遠景】的照片上進行裁 切,也可以產生【拉近】的效果喔!

5

圖片裁切成想要的區域

> **小提示**
>
> 若不滿意裁切的結果
> ，可按 Ctrl + Z ，
> 復原後，重新裁切。

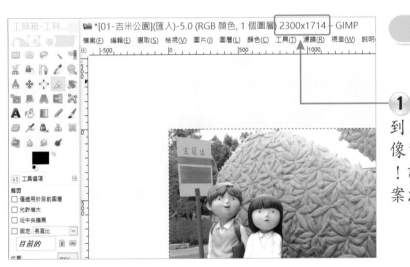

更改影像尺寸

1

到圖片標題列上看一下影像資訊，發現尺寸有點大！讓我們縮小一下，幫檔案減減肥吧！

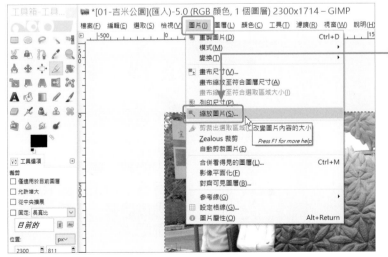

2

按【圖片/縮放圖片】

> **小提示**
>
> 放大影像尺寸，可能
> 會造成影像粗糙，也
> 會讓檔案變大！要盡
> 量避免這樣做喔！

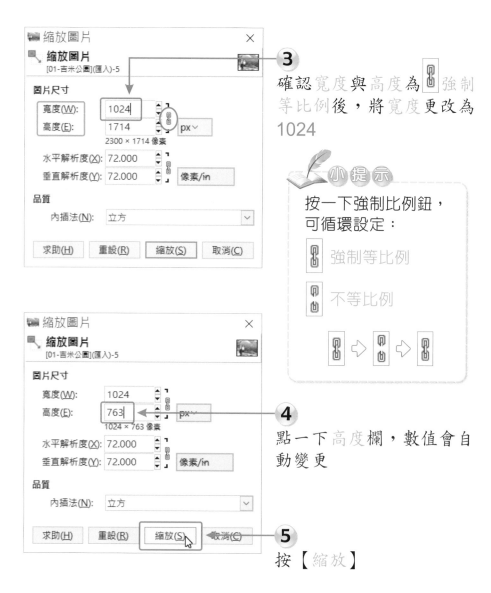

3

確認寬度與高度為 🔗 強制
等比例後,將寬度更改為
1024

📝 小提示

按一下強制比例鈕,
可循環設定:

🔗 強制等比例

🔗 不等比例

🔗 ⇨ 🔗 ⇨ 🔗

4

點一下高度欄,數值會自
動變更

5

按【縮放】

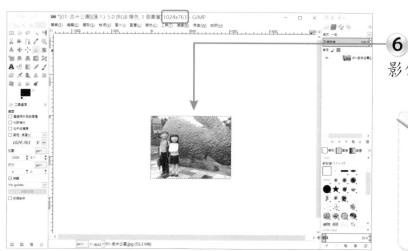

6

影像瘦身完成囉!

📝 小提示

縮小影像尺寸後,視
窗中的顯示會變小、
顯得看不清楚。讓我
們再度調整一下顯示
比例吧!

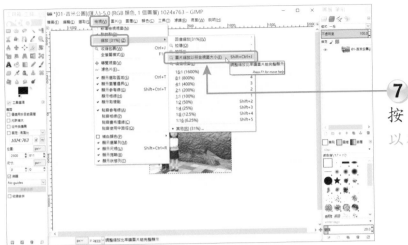

7

按【檢視/縮放/圖片縮放
以符合視窗大小】

8

更改影像尺寸後的圖片，
完整、清楚地顯示在視窗
中囉！

第
1
課

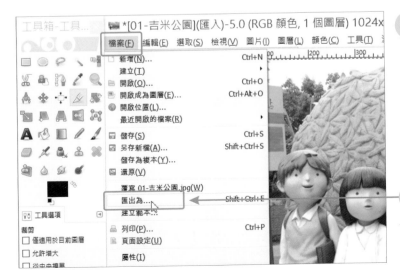

匯出影像為 PNG 格式

在練習匯出前，先在
電腦中建立一個【我
的作品】資料夾，以
便儲存往後所有的作
品吧！

1

按【檔案/匯出為...】

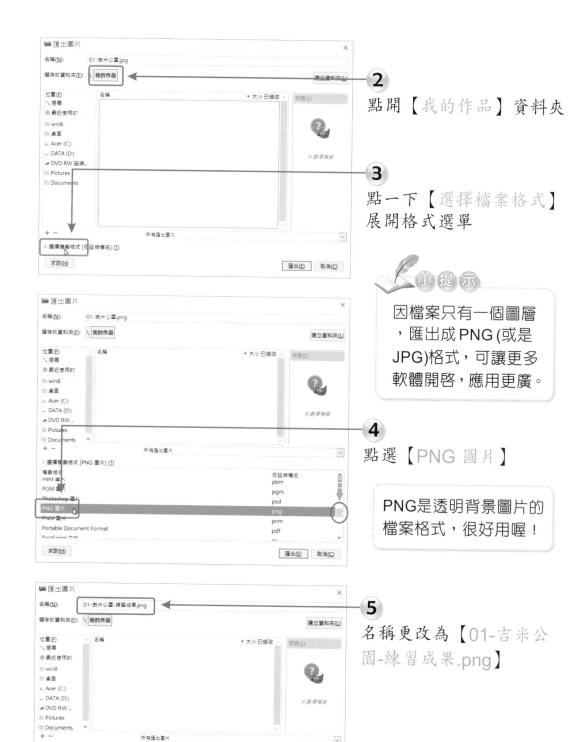

② 點開【我的作品】資料夾

③ 點一下【選擇檔案格式】展開格式選單

小提示

因檔案只有一個圖層，匯出成 PNG (或是 JPG)格式，可讓更多軟體開啟，應用更廣。

④ 點選【PNG 圖片】

PNG是透明背景圖片的檔案格式，很好用喔！

⑤ 名稱更改為【01-吉米公園-練習成果.png】

⑥ 按【匯出】

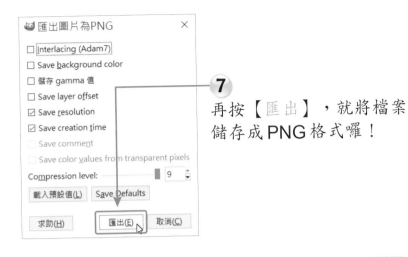

7 再按【匯出】，就將檔案儲存成 PNG 格式囉！

發揮創意，你還可以將練習成果做更多運用喔！例如：

影像合成

加入影像特效

加入對話框與文字

第 1 課

1. 可以在電腦螢幕上顯示的影像，稱之為？
   ☐ 傳統影像　　☐ 數位影像　　☐ 多媒體

2. 數位影像的計算單位是？
   ☐ 解析度　　☐ 像素　　☐ 公分

3. 解析度越高，影像的品質？
   ☐ 越差　　☐ 越好　　☐ 不一定

4. 下面哪個不是拍照的技巧？
   ☐ 對焦準　　☐ 手拿穩　　☐ 要搶快

5. 以下哪個是常見的影像處理軟體？
   ☐ 小畫家　　☐ Word　　☐ GIMP

 練功囉

開啟【練功囉-檔案 / 01 / 01-屋頂上的小貓.jpg】，將小貓剪裁出來、並匯出成PNG格式檔案吧！

2 我的專屬公仔

- 影像去背、合成與簡單文字輸入

我的專屬公仔，獨一無二！

影像合成與應用

將兩個以上不同的影像組合在一起，就是【影像合成】。發揮創意，就可做出超多有趣的影像，並做很多的應用喔！例如：

組合成個人公仔

個人專屬名片

貼紙

卡片

公告

桌布

2 本課練習提要

本課讓我們將公仔照片與大頭照去背，然後組合成個人公仔，接著將公仔貼到一張名片底圖上、再輸入簡單的文字，完成一張個人專屬的名片吧！

六年一班
王 大 同
康樂股長

拍照時難免會出現一些瑕疵相片，例如：亮度/對比度不足、飽和度不夠、色偏...等等。這些瑕疵只要不是太嚴重，都可以用 GIMP 來修整美化喔！

亮度/對比度不足

調整亮度/對比度，讓明暗變明顯

飽和度不夠

調整飽和度，讓顏色更鮮明

色偏

調整色相，讓色彩更正確、自然

●遇到以上的瑕疵，就按功能表的【顏色】，點選【亮度及對比】、【色相及飽和度】、【色彩平衡】...來試著調整看看吧！

3 用智慧型選取工具去背

選擇一個喜歡的公仔，放在單純的背景上拍照，接著就可以將它傳輸到電腦使用喔！趕快來練習如何去背吧！

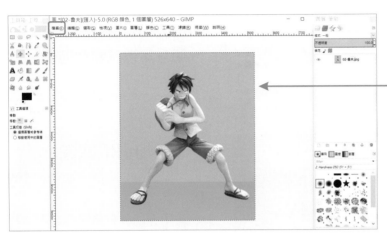

設定臨界值與點選

1
按【檔案/開啟】，開啟【範例/課程-檔案/02/02-魯夫.jpg】

小提示

【開啟】的快速鍵：
Ctrl + O

2
按 【智慧型選取工具】

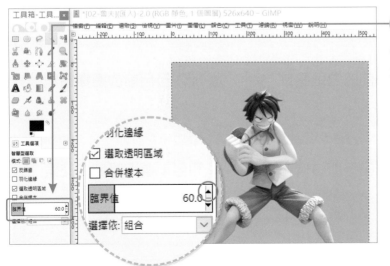

3
按【臨界值】的 ，直到數值大約【60.0】

小提示

臨界值越大，選取的相似色越多 (標準越寬鬆)；反之，則越少 (越嚴格)。

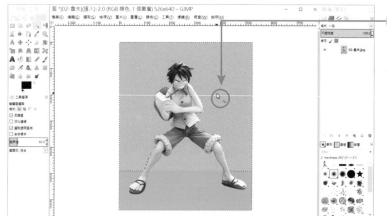

④

點一下圖示藍色背景,選取該區域的所有藍色

小提示

當區域被選取時,周圍會呈現流動狀的虛線。

添加選取區域

①

按 【加入至目前的選擇區域】的選取模式

②

點一下手臂與身體間的藍色背景,加選該區域

老師說

選取區域的各種模式

 取代目前的選取區域

 加入至目前的選擇區域

 從目前的選取區域刪除

 和目前選取區域的交集

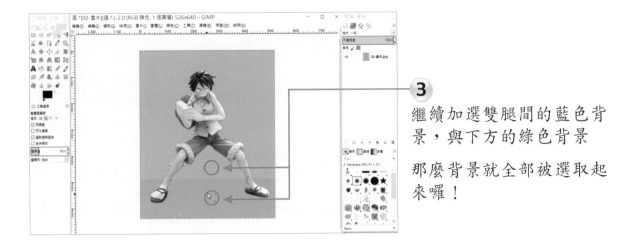

③

繼續加選雙腿間的藍色背景，與下方的綠色背景

那麼背景就全部被選取起來囉！

反向選取與複製

第
2
課

①

按【選取/反轉】

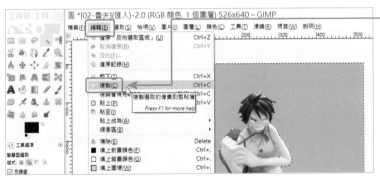

②

按【編輯/複製】

小提示

【複製】的快速鍵：

Ctrl + C

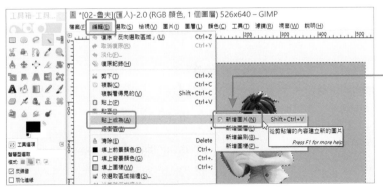

貼上成為新圖片

①

按【編輯/貼上成為/新增圖片】

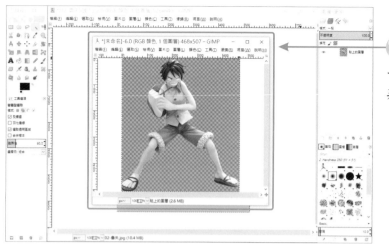

去背後的影像，貼到一個新的檔案視窗上囉！

小 提 示

新的視窗是透明背景，且會自動裁切成貼上的影像尺寸大小。

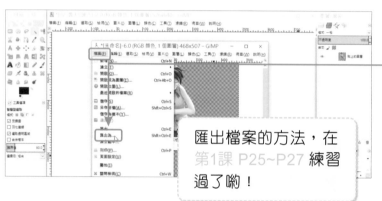

匯出檔案的方法，在第1課 P25~P27 練習過了喲！

匯出成 PNG 透明圖片

按新視窗的【檔案/匯出為...】，然後命名為【02-公仔去背.png】，將圖片匯出成 PNG 格式檔案吧！(【我的作品】資料夾)

小 提 示

背景是透明的狀態下，儲存成 PNG 格式，該檔案就會自動保留透明背景喔！

② 按 × 【關閉】

關閉 [未命名]

關閉視窗之前是否儲存圖片 '[未命名]' ？

如果現在不儲存圖片，將會失去最後 1 分鐘所修改的部份。

The image has been exported to 'D:\我的作品\02-公仔去背.png'.

Press Ctrl+D to discard all changes and close the image.

另存新檔(A)　放棄更改(D)　取消(C)

③ 按【放棄更改】，關閉用不著的視窗

最後也將【02-魯夫.jpg】關閉起來吧！

用自由選取工具去背

相信大家都有大頭照吧?!挑一張喜歡的,再將頭部去背一下,就可與公仔照片做合成囉!趕快來學習大頭照去背吧!

1

開啟【範例/課程-檔案/02/02-男生.jpg】

然後放大顯示比例以符合視窗大小

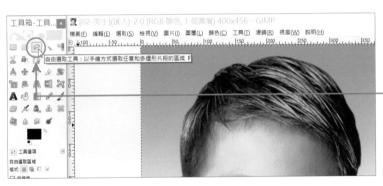

2

按 【自由選取工具】

老師說

在影像處理中,擷取影像的應用方式與時機有:

 矩形或橢圓形選取工具　 智慧型選取工具　 自由選取工具

適用擷取某個區域　　　適用單純背景去背　　　適用背景複雜去背

3

沿著臉與頭部的邊緣，用點選的方式，開始圈選

小提示

點與點的距離盡量小一點，圈選的結果才會較平滑自然喔！

4

圈選到最後，回到起點，在起點上點一下

5

完成選取囉！

接著仿照P35，複製/貼上成為新增圖片，然後命名為【02-頭部去背.png】，將圖片匯出成 PNG 格式檔案吧！

懂更多 **用前景選取工具去背**

使用 🔲【前景選取工具】，可以用【塗抹】的方式來去背喔！趕快來試試看！

❶ 按 🔲【前景選取工具】。

❷ 沿著影像(人物)周圍，圈選一圈。

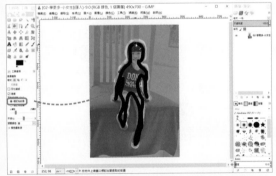

❸ 點選【標記為前景】後，在人物上適度塗鴉(不要超出人物外面喔！)。完成後，若人物上還有殘餘的藍色，就繼續將它塗掉。

❹ 影像呈現藍色的部分，就是要去除的區域。接著點選【標記為背景】，再細心塗掉人物外圍呈現白色的區域(不要塗到人物裡面喔！)。

❺ 細部的白色區域，可設定小一點的筆刷，再慢慢塗掉。完成後按 Enter。

❻ 想要的區域(人物)，就被選取起來囉！

5 公仔合成

現在我們已經有去背的公仔與頭部的影像囉！簡單幾個步驟，就可以合成一個可愛的公仔喔！Let's Go！

調整畫布大小

1 開啟【02-公仔去背.png】

【畫布】就是圖片的可編輯區域。
因為要在公仔上方，加入一個頭部影像，現在讓我們預先加大畫布大小吧！

2 按【圖片/畫布尺寸】

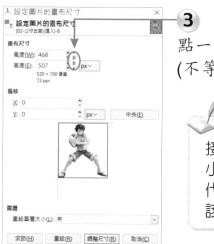

3 點一下更改縮放比例為 (不等比例)

小提示

接著要設定的畫布大小僅適合本範例，不代表每次都要設定為該尺寸喔！

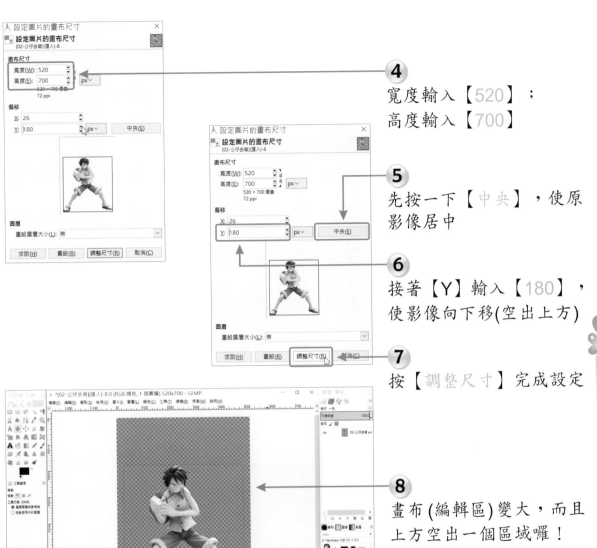

4

寬度輸入【520】；
高度輸入【700】

5

先按一下【中央】，使原
影像居中

6

接著【Y】輸入【180】，
使影像向下移(空出上方)

7

按【調整尺寸】完成設定

第 2 課

8

畫布(編輯區)變大，而且
上方空出一個區域囉！

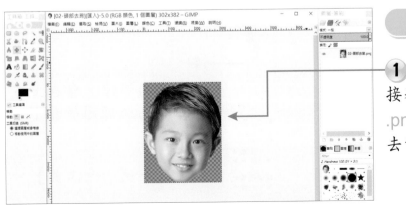

貼上成為圖層

1

接著開啟【02-頭部去背
.png】(勿關閉【02-公仔
去背.png】喔！)

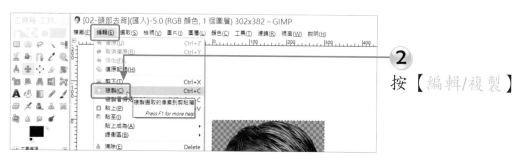

按【編輯/複製】

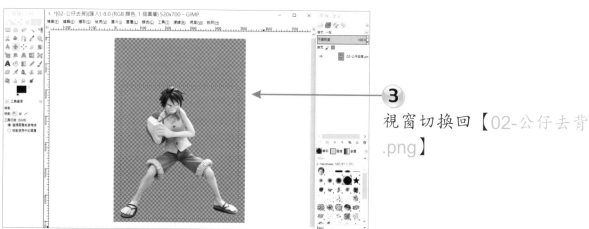

視窗切換回【02-公仔去背
.png】

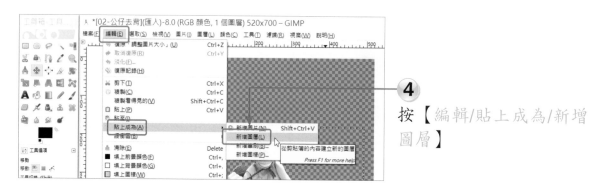

按【編輯/貼上成為/新增
圖層】

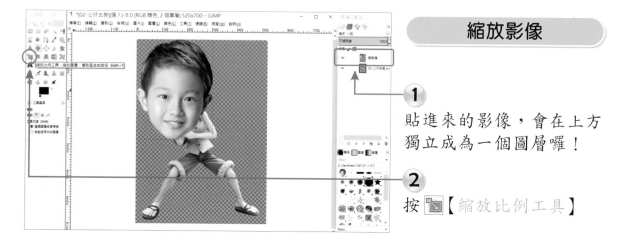

縮放影像

貼進來的影像，會在上方
獨立成為一個圖層囉！

按 【縮放比例工具】

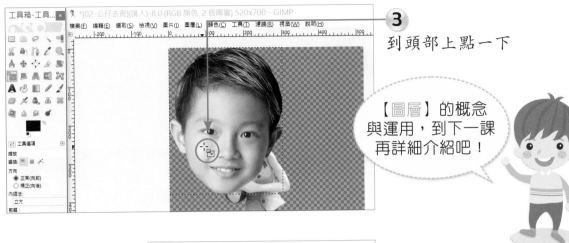

3

到頭部上點一下

【圖層】的概念
與運用，到下一課
再詳細介紹吧！

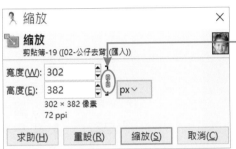

4

點一下確定縮放比例為
(強制等比例)

第2課

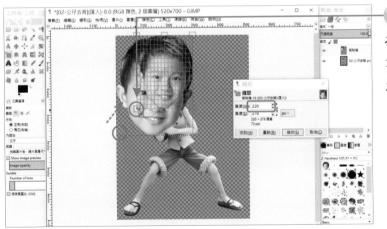

5

按住左下方的控點，向
右上方拖曳，縮小影像
到寬度約【220】

小提示

這個數值是適合本範
例的大小，不是每個
影像都適用喔！

按住格狀範圍內的任
一點，也可以進行縮
放喔！

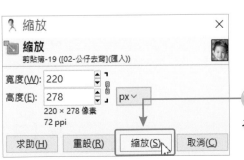

6

按【縮放】(或按 Enter)
，就完成縮放啦！

調整影像位置

1 按 【移動工具】

想旋轉影像嗎？
在 第5課 會有
操作練習喔！

2 按住頭部影像，拖曳移動
到約圖示位置，這個個人
專屬公仔就完成囉！

儲存成專案檔

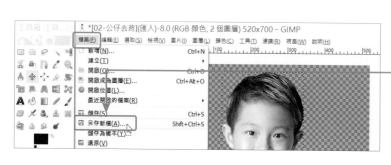

1 按 【檔案/另存新檔】

儲存成 XCF 格式的專
案檔，可以保留所有
圖層，方便隨時開啟
編修。

2 名稱輸入【02-公仔合成
.xcf】

3 按 【儲存】

6 將公仔貼入背景與輸入文字

想想看，可愛的個人公仔可以應用在什麼地方呢？桌布？貼紙？
還是告示牌呢？對了！讓我們將它變成名片吧！

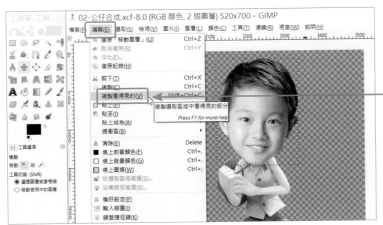

複製看得見的影像

① 按【編輯/複製看得見的】

小提示

複製 -
複製被選取或單一圖
層的影像

複製看得見的 -
複製目前顯示在視窗
中的所有影像

第2課

② 開啟【範例/課程-檔案/02
/02-名片底圖.jpg】

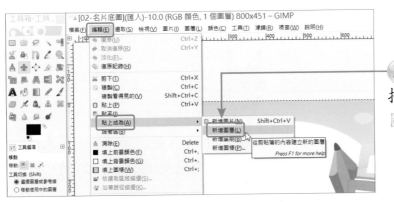

③ 按【編輯/貼上成為/新增
圖層】

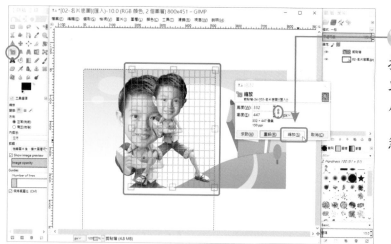

④ 按 🔲【縮放比例工具】，
以強制等比例的方式，縮
小公仔(約圖示大小)

然後按【縮放】

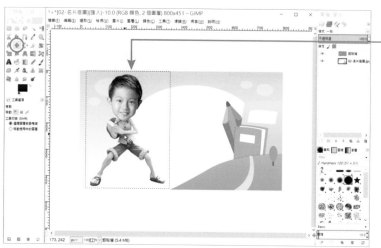

⑤ 按 ✛【移動工具】，拖曳
公仔到圖示位置

小提示

先按住滑鼠，再按住
Ctrl ，可絕對水平
(垂直)移動圖案。

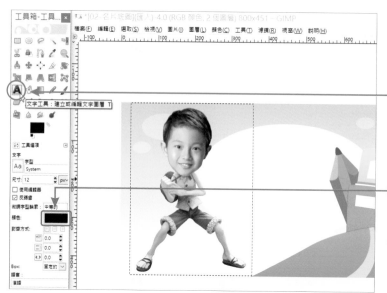

輸入文字

① 按 Ａ【文字工具】

② 【顏色】確定為【黑色】
(若不是，就點一下色塊
，設定為黑色吧！)

3 按 Aa，準備選取字型

4 拖曳捲軸，點選【DFLi Yuan Std】或其他你喜歡的字型，都可以

5 尺寸(字級)輸入【35】

第2課

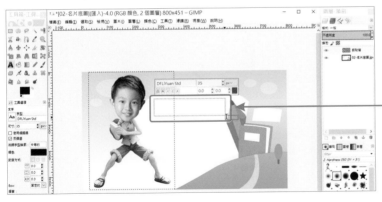

6 到圖示位置，拖曳出一個約圖示大小的文字框

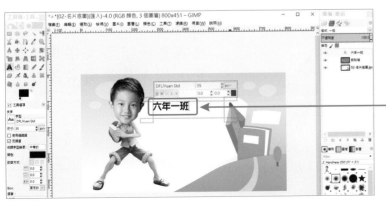

7 輸入文字【六年一班】

1

按 ✥ 【移動工具】

2

點選【移動使用中的圖層】

> 點選【移動使用中的圖層】，可以只移動指定圖層的影像、避免不小心移動到其他影像。

3

點選文字所在的圖層

4

拖曳文字到圖示位置

5

使用輸入文字的技巧，完成如圖示其他文字的製作

6

再調整一下各文字串的位置，個人專屬的名片就完成囉！

先儲存一份 XCF 專案檔，再匯出一份 PNG 的圖片檔案吧！

 大方送 公仔圖片

在本書光碟【大方送】資料夾中，有很多【公仔圖片】要送給你喔！

第
2
課

1. 將兩個以上不同的影像組合起來，稱之為？
   ☐ 影像特效　　　☐ 數位影像　　　☐ 影像合成

2. 使用智慧型選取工具時，【臨界值】越大，表示？
   ☐ 選取的相近色越多　　　☐ 選取的相近色越少

3. 想將選取範圍加入至目前的選擇區域，要按？
   ☐ 　　　☐ 　　　☐

4. 哪個選取工具，適合做單純背景的去背？
   ☐ 智慧型選取工具　　　☐ 自由選取工具

練功囉

開啟【練功囉-檔案 / 02】中的【02-女生.jpg】與
【02-米妮.jpg】，試著完成如圖示可愛的公仔吧！

也可以用
自己的照片
來練習喔！

3 班徽輕鬆畫

－ 繪圖、自訂色彩與圖層運用

畫可愛卡通，
很簡單！

1 重要的【圖層】概念

2 本課練習提要

3 開新檔案與新增圖層

4 繪製臉型、自訂色彩與描邊

5 自訂漸層色彩與填色

6 繪製眼睛、鼻子與嘴部底紋

7 繪製嘴巴、耳朵、腮紅與完成製作

影像加油站 - 創意塗鴉

大方送 - 卡通圖案

1 重要的【圖層】概念

【圖層】就像一張張的透明片，你可以在上面繪製或放入影像，再藉由上下順序的安排，組合出任何想要的作品喔！例如：

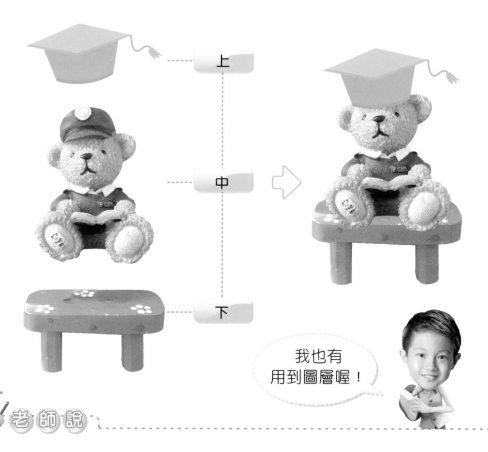

老師說

運用簡單的幾何圖案與筆刷，加上圖層的上下排列，也可以畫出超多可愛的卡通圖案喔！

2 本課練習提要

本課讓我們用簡單的圓形、路徑工具與畫筆，畫出可愛的吉祥物，然後再將吉祥物貼到一張底圖上、加上文字，製作成漂亮的班徽吧！

我們是
活力充沛的
小熊班！

六年一班

開新檔案與新增圖層

讓我們新增一個空白檔案，再新增一個透明圖層，準備開始畫圖囉！

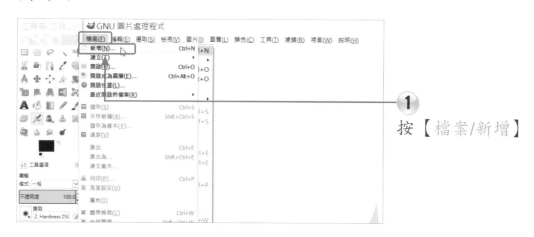

① 按【檔案/新增】

② 寬度輸入【800】
高度輸入【600】

③ 按【進階選項】

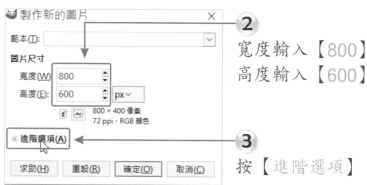

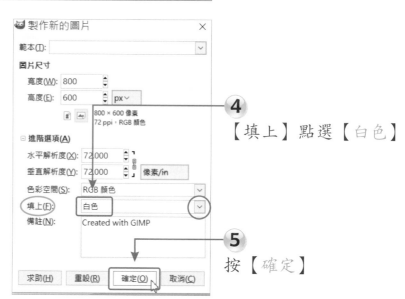

④ 【填上】點選【白色】

⑤ 按【確定】

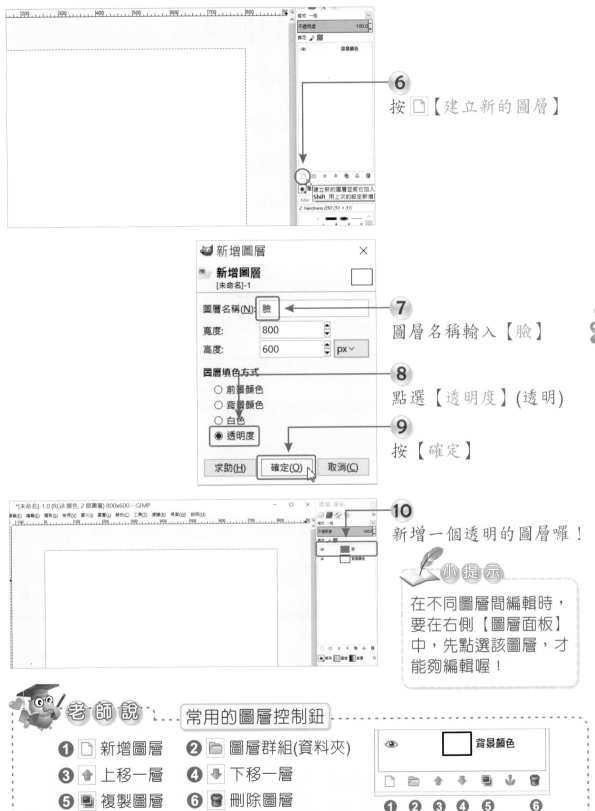

6 按 □【建立新的圖層】

7 圖層名稱輸入【臉】

8 點選【透明度】(透明)

9 按【確定】

10 新增一個透明的圖層囉！

小提示

在不同圖層間編輯時，要在右側【圖層面板】中，先點選該圖層，才能夠編輯喔！

老師說　常用的圖層控制鈕

❶ □ 新增圖層　❷ □ 圖層群組(資料夾)
❸ ⬆ 上移一層　❹ ⬇ 下移一層
❺ 複製圖層　❻ 刪除圖層

第3課

4 繪製臉型、自訂色彩與描邊

在一個圓圓的選取區域上，加上一個邊框，就可以畫出基本的臉型囉！趕快來畫！

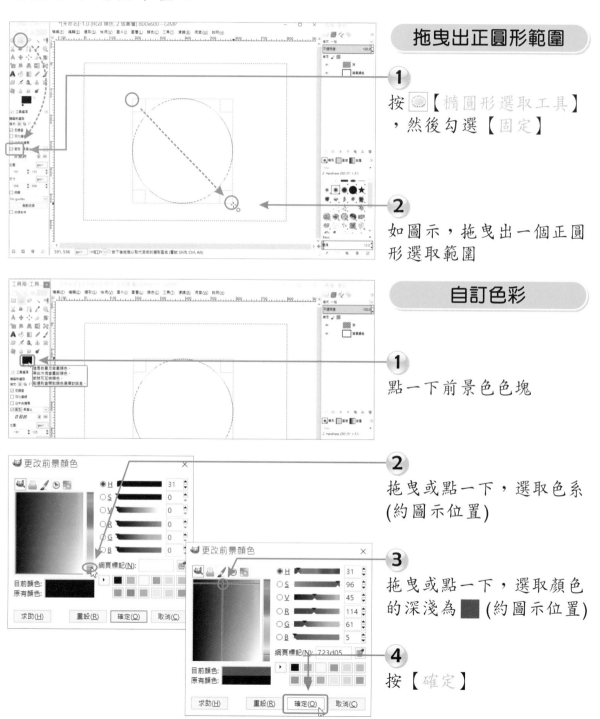

拖曳出正圓形範圍

1 按 ◎【橢圓形選取工具】，然後勾選【固定】

2 如圖示，拖曳出一個正圓形選取範圍

自訂色彩

1 點一下前景色色塊

2 拖曳或點一下，選取色系 (約圖示位置)

3 拖曳或點一下，選取顏色的深淺為 ▨ (約圖示位置)

4 按【確定】

描邊

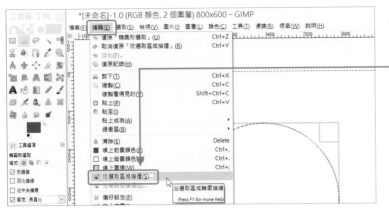

1

按【編輯/依選取區域描邊】

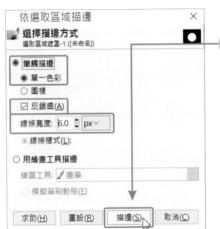

2

- 點選【筆觸描邊】與【單一色彩】
- 勾選【反鋸齒】
- 線條寬度設定為【6】
- 單位設定為【px】
- 最後按【描邊】

第 3 課

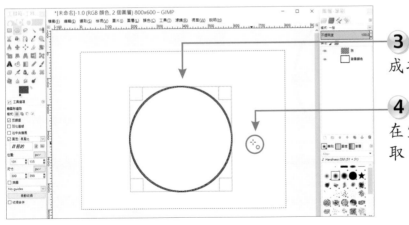

3

成功填上邊框囉！

4

在空白處點一下，取消選取

老師說

若想修改現有圖層的名稱，就在名稱上快速點兩下，當文字呈現藍底反白時，即可修改。

5 自訂漸層色彩與填色

讓我們在圓圓的臉型上，填入自訂的漸層色彩，臉型就會變得很有立體感喔！

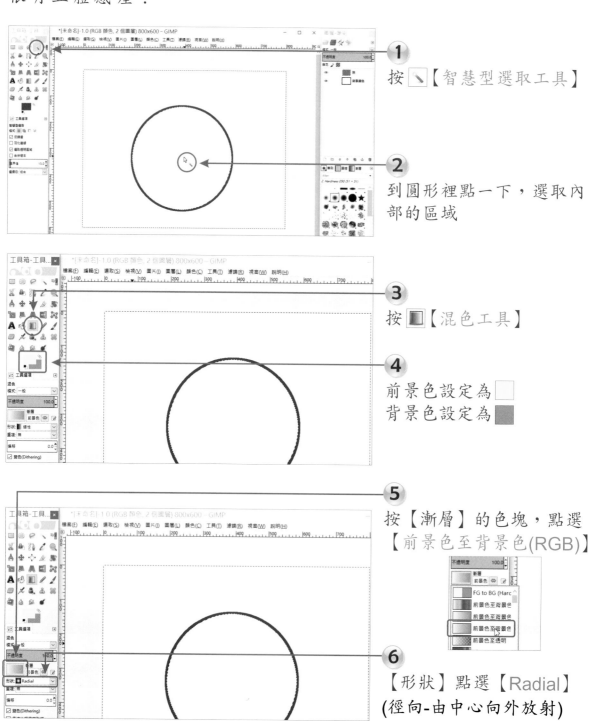

1 按 ✎【智慧型選取工具】

2 到圓形裡點一下，選取內部的區域

3 按 ▣【混色工具】

4 前景色設定為 ☐
背景色設定為 ▨

5 按【漸層】的色塊，點選【前景色至背景色(RGB)】

6 【形狀】點選【Radial】
(徑向-由中心向外放射)

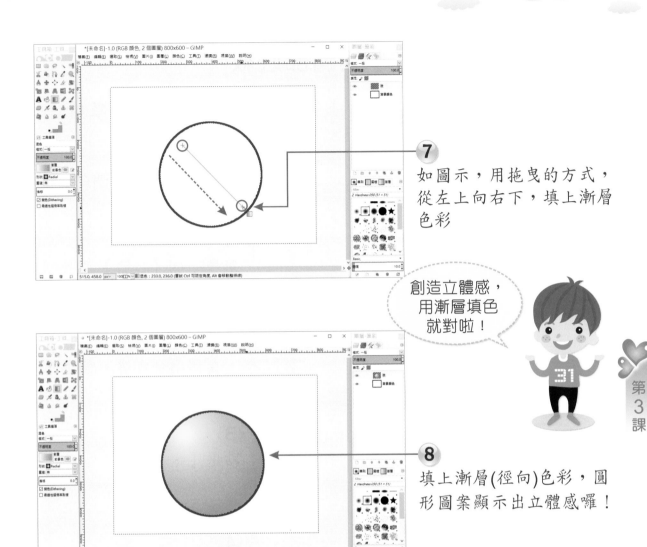

7 如圖示，用拖曳的方式，從左上向右下，填上漸層色彩

創造立體感，用漸層填色就對啦！

8 填上漸層(徑向)色彩，圓形圖案顯示出立體感囉！

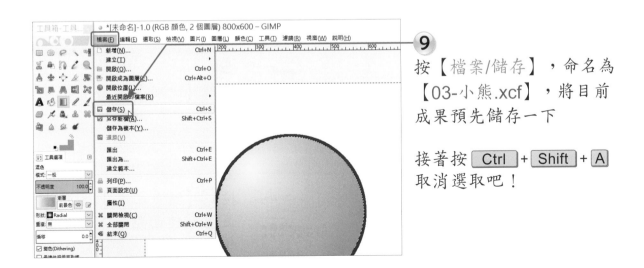

9 按【檔案/儲存】，命名為【03-小熊.xcf】，將目前成果預先儲存一下

接著按 Ctrl + Shift + A 取消選取吧！

6 繪製眼睛、鼻子與嘴部底紋

接著讓我們繼續在不同的圖層上，用橢圓形工具，畫出眼睛、鼻子與嘴部的底紋吧！

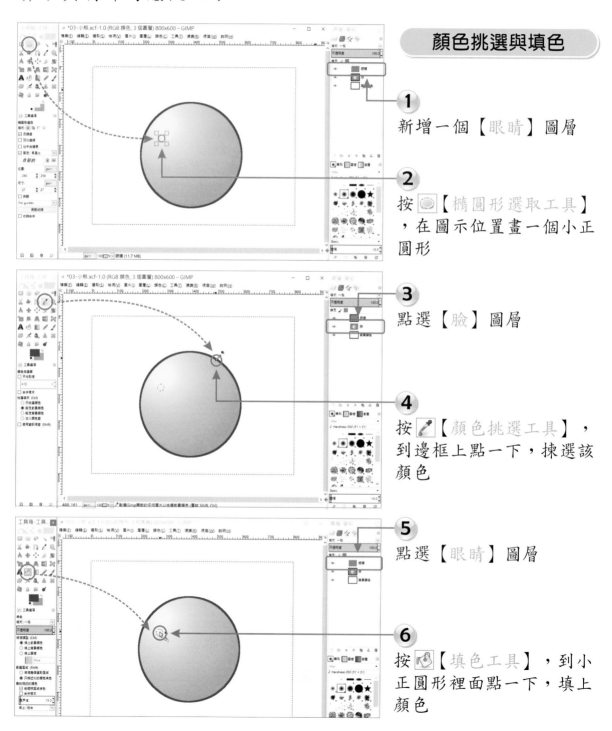

顏色挑選與填色

1 新增一個【眼睛】圖層

2 按 ⬭【橢圓形選取工具】，在圖示位置畫一個小正圓形

3 點選【臉】圖層

4 按 ✎【顏色挑選工具】，到邊框上點一下，揀選該顏色

5 點選【眼睛】圖層

6 按 🪣【填色工具】，到小正圓形裡面點一下，填上顏色

複製圖層

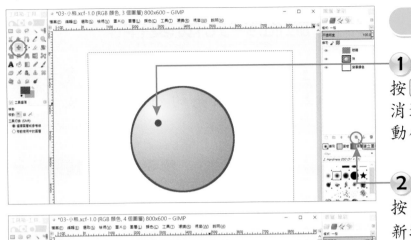

1 按 Ctrl + Shift + A ，取消選取後，按✥，拖曳移動小圓形到圖示位置

2 按▣，複製眼睛圖層(會新增一個【眼睛 複本】圖層)

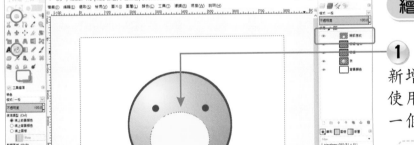

3 拖曳【眼睛 複本】圖層上的小圓形到圖示位置

繪製鼻子與嘴部底紋

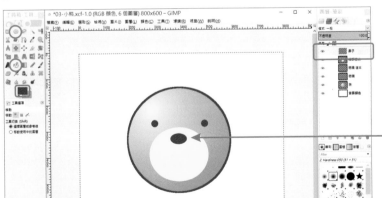

1 新增【嘴部底紋】圖層，使用繪製圓形技巧，畫出一個圖示橢圓

記得取消【固定】，才能畫橢圓喔！

工具選項
橢圓形選取
模式：
☑ 反鋸齒
☐ 羽化邊緣
☐ 從中央擴展
☐ 固定：長寬比

2 新增【鼻子】圖層，畫出一個圖示的橢圓

第 3 課

7 繪製嘴巴、耳朵、腮紅與完成製作

這一節讓我們來繪製耳朵，接著用路徑工具畫嘴巴、用畫筆畫腮紅。最後與底圖組合，再加上文字，漂亮的班徽就完成囉！加油！

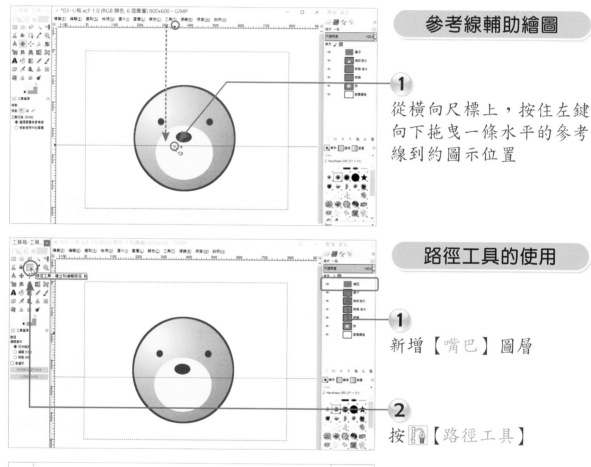

參考線輔助繪圖

1 從橫向尺標上，按住左鍵向下拖曳一條水平的參考線到約圖示位置

路徑工具的使用

1 新增【嘴巴】圖層

2 按 🔧【路徑工具】

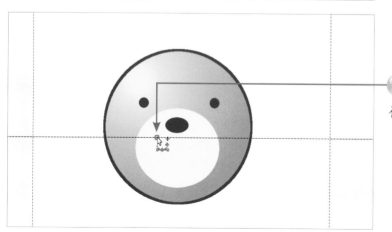

3 在圖示的參考線上點一下，新增第1個節點

班徽輕鬆畫

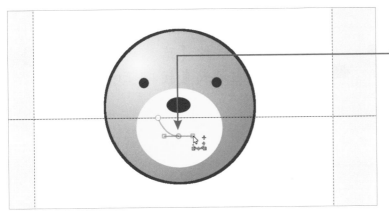

4 在圖示位置點一下的同時，向右水平拖曳一下，使第1段線條變成曲線

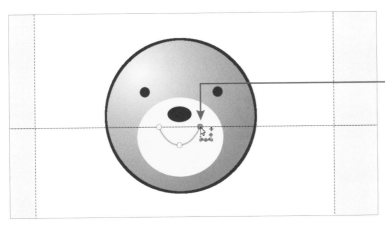

5 在圖示的參考線上點一下(不拖曳)，新增第3個節點

第3課

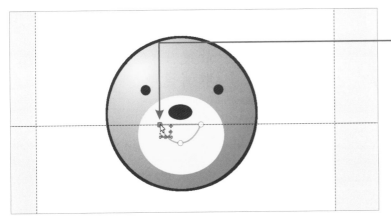

6 最後按住 Ctrl ，回到第1個節點上，點一下，完成一個封閉的路徑

開放　　封閉

 老師說

畫好路徑後，可以移動節點○或拖曳節點橫桿的控制點 □，進一步調整曲線的形狀。

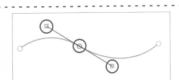

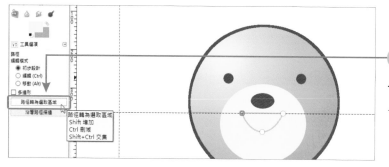

7 按【路徑轉為選取區域】或直接按 Enter

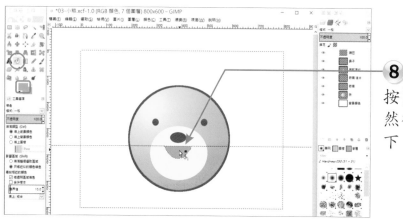

8 按，前景色設定為█，然後到選取區域裡面點一下，填上顏色

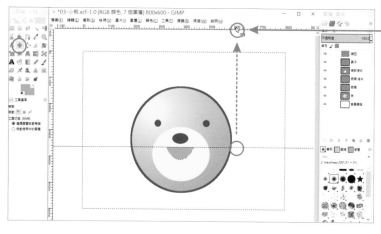

9 按✥【移動工具】，按住參考線，往上拖曳回尺標中，清除參考線

最後按 Ctrl + Shift + A 取消選取

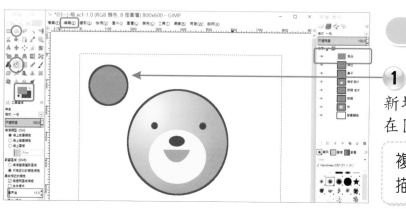

安排圖層順序

1 新增【耳朵】圖層，接著在圖示位置畫出一個圓形

> 複習一下，參考 P57 的描邊方法。

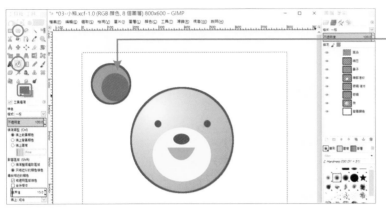

2 在圖示位置(新圓形裡)，再畫一個圓形(不用描邊)

小提示

任何時候，只要畫得不滿意，就按快速鍵 Ctrl + Z 復原後，重新再畫吧！

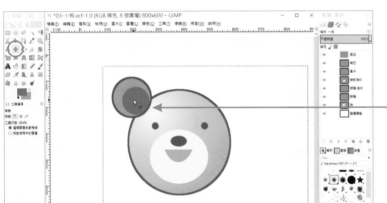

3 按 ✛，拖曳耳朵圖案到圖示位置

第3課

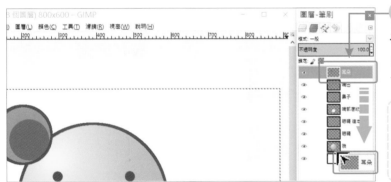

4 按住【耳朵】圖層不放，向下拖曳到【臉】圖層的下方

也可以按圖層下方的
🗋 📁 ⬆ ⬇ 🗐 ⚓ 🗑
來改變圖層順序。

翻轉圖案

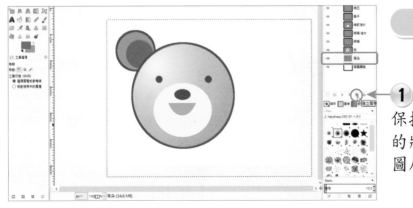

1 保持【耳朵】圖層被選取的狀態，按一下 🗐，複製圖層

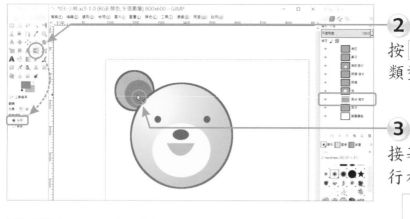

② 按 ⬌【翻轉工具】，翻轉
類型點選【水平】

③ 接著點一下耳朵圖案，執
行水平(橫向)翻轉

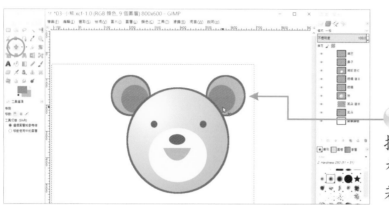

④ 按 ✥，拖曳耳朵圖案到圖
示位置

若有需要，繼續調整一下
每個圖案的位置

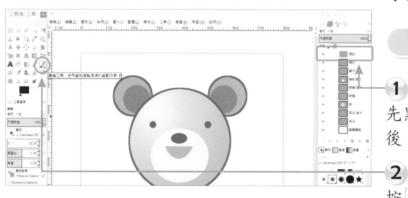

繪製腮紅

① 先點選最上方(嘴巴)圖層
後，新增【腮紅】圖層

② 按 🖌【畫筆工具】

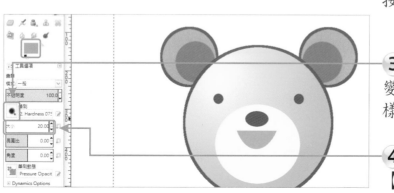

③ 變換顏色後，按一下筆刷
樣式方塊，點選 ⬤

④ 【大小】設定為【20】

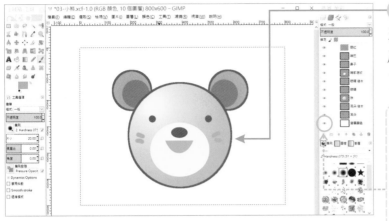

5

到兩頰上畫出約如圖示的腮紅，這張可愛的小熊就畫好囉！記得要存檔！

若要儲存成透明背景的PNG圖片，只要先隱藏【背景顏色】圖層，再按【檔案/匯出為...】，就可以囉！

隱藏圖層與複製/貼上

1

點一下【背景顏色】圖層前方的 👁，隱藏該圖層

2

按【編輯/複製看得見的】

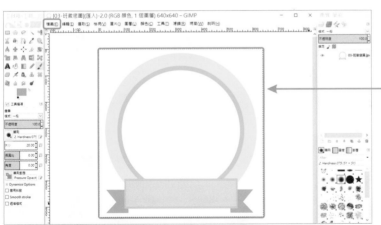

3

再按【檔案/開啟】，將【範例/課程-檔案/03/03-班徽底圖.jpg】圖片開啟

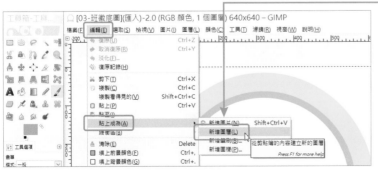

4

按【編輯/貼上成為/新增圖層】

第 3 課

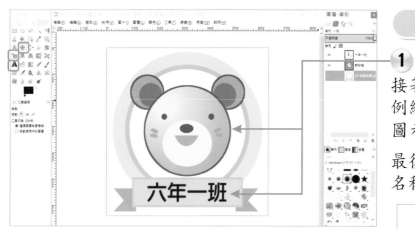

1

接著使用縮放技巧，等比例縮小圖案、移動小熊到圖示位置

最後在圖示位置輸入班級名稱，班徽就完成囉！

縮放與輸入文字的技巧，在 第2課 學過囉！
記得按【檔案/另存新檔】，將成果命名為
【03-班徽.xcf】儲存起來吧！

 影像加油站　　**創意塗鴉**

運用選取、路徑與畫筆...等工具與圖層，可以完成更多有趣的創意塗鴉喔！例如：

大方送　卡通圖案

在本書光碟【大方送】資料夾中，有很多【卡通圖案】要送給你喔！

第3課

1. 運用什麼的上下順序，就可以組合出想要的影像？

   ☐ 圖層　　　　☐ 路徑　　　　☐ 色版

2. 想新增圖層，要按？

   ☐ 　　　　☐ 　　　　☐

3. 想複製圖層，要按？

   ☐ 　　　　☐ 　　　　☐

4. 想為選取區域加上邊框，要按？

   ☐ 編輯／依選取區域描邊　　☐ 編輯／沿著路徑描邊

5. 下面哪一種漸層方式(形狀)是放射狀？

   ☐ 線性　　　　☐ Radial　　　　☐ 雙線性

參考下圖，試著畫出一隻可愛的小螃蟹吧！

小提示：
缺一角的圓形，該怎麼畫呢？

❶ 先用 🔘，畫出一個圓形。

❷ 按 🖊，再設定為 🔲【從目前
　的選取區域刪除】。

❸ 再選取想去掉的區域，就可
　以囉！

4 專題報告封面設計

－自製邊框、筆刷塗鴉與立體感文字

掌握要領，
我也是設計達人！

封面設計的要領

封面設計其實很簡單,把握【背景清爽不複雜】、【標題大而清楚】、【插圖切合主題】這三大原則,就可以做出漂亮、易懂的封面囉!

 老師說

製作封面或海報,常會用到許多圖片,我們可以自行繪製,也可以上網搜尋!

例如:
利用【Google】搜尋圖片後,再按【搜尋工具/使用權限】,點選【標示為允許再利用且可修改】,就能篩選出可以合法下載的圖片,來使用囉!

2 本課練習提要

一份好的專題報告，除了內容要充實外，如果還有一張漂亮的封面，肯定會分數倍增！本課就讓我們以【防疫大作戰-杜絕病媒蚊】為主題，練習設計一張封面吧！

病媒蚊的防治，
是每一個人的責任，
要隨手做到
環境清潔喔！

第4課

3 新增A4檔案與自訂解析度

A4尺寸是最常見的封面大小，而印刷品最低的解析度要求則是150。讓我們新增一張A4尺寸、150解析度的檔案來練習吧！

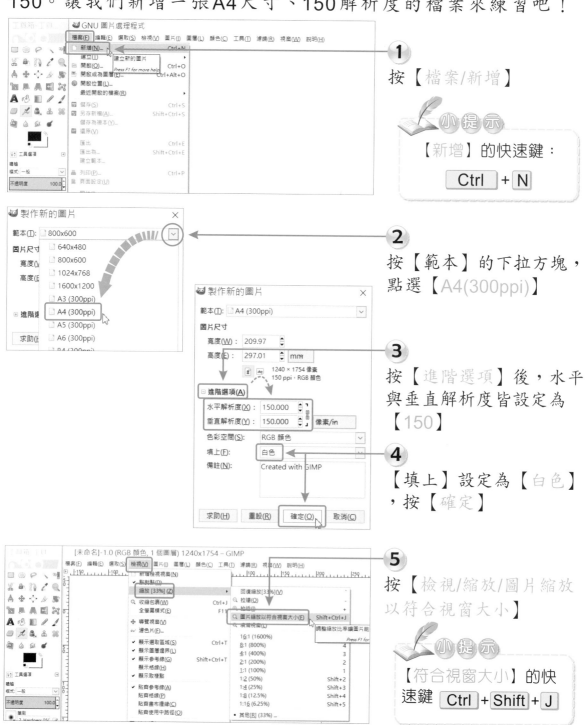

按【檔案/新增】

小提示

【新增】的快速鍵：

Ctrl + N

按【範本】的下拉方塊，點選【A4(300ppi)】

按【進階選項】後，水平與垂直解析度皆設定為【150】

【填上】設定為【白色】，按【確定】

按【檢視/縮放/圖片縮放以符合視窗大小】

小提示

【符合視窗大小】的快速鍵 Ctrl + Shift + J

4 設計背景與筆刷塗鴉

要開始設計囉！讓我們填入柔和的漸層當底色，然後加入一張插圖、並繪製一棵彩色的樹，當作封面的背景吧！

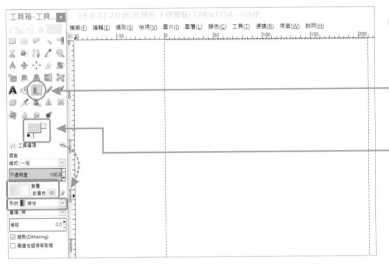

填入漸層背景

1
按 ▣【混色工具】

2
接著做以下設定：

· 前景色 - ▨　背景色 - ▢
· 按漸層方塊，點選 -
　前景色至背景色(RGB)
· 形狀 - 線性

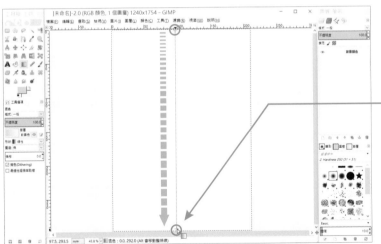

3
按住 Ctrl ，以絕對垂直方向，拖曳填入漸層色

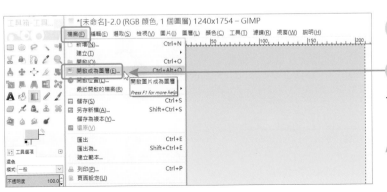

加入插畫

1
按【檔案/開啟成為圖層】，插入【範例/課程-檔案/04/04-地面.png】

第 4 課

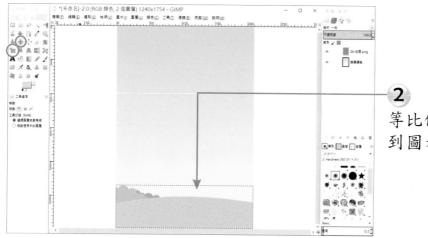

2

等比例放大圖案、並移動到圖示位置

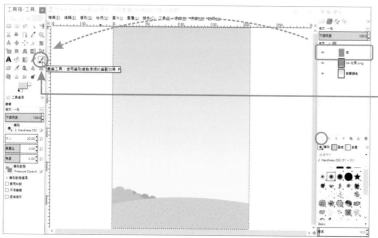

1

新增一個透明圖層，命名為【樹】，然後按 🖌【畫筆工具】

筆刷塗鴉

小提示

為了便於編修、避免與其他影像混在一起，要編輯一個新的影像或畫圖時，記得要先新增圖層喔！

2

接著做以下設定：
· 前景色 - ■
· 筆刷 - ●
· 大小 - 約 25

3

到圖示位置畫一棵樹幹

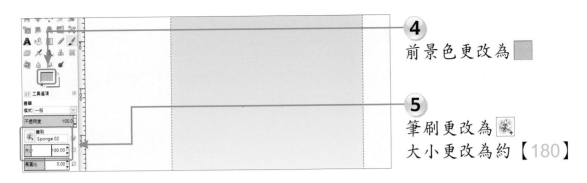

4

前景色更改為 ▨

5

筆刷更改為 ▨
大小更改為約【180】

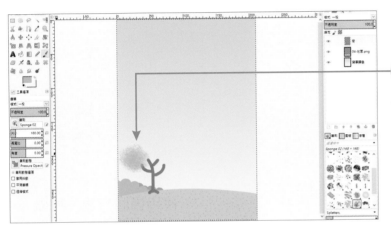

6

用拖曳或點一下的方式，
畫出約如圖示的樹葉

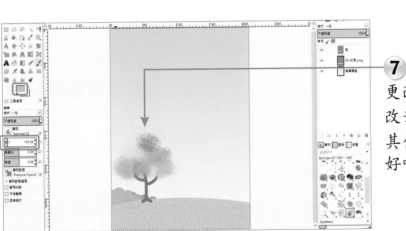

7

更改前景色(也可適度更
改筆刷大小)，繼續畫出
其他樹葉，彩色的樹就畫
好啦！

第
4
課

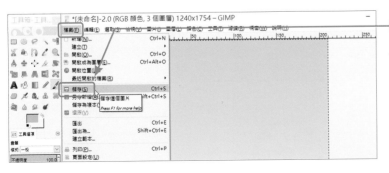

8

按【檔案/儲存】，命名為
【04-封面設計.xcf】，預
先將目前成果儲存起來

5 加入主視覺圖案與製作邊框

讓我們加入一些切合【防疫大作戰 - 杜絕病媒蚊】主題的插畫當主視覺！另外再自製一個漂亮的邊框吧！

加入插畫

1

按【檔案/開啟成為圖層】，依序加入：
【04-物品.png】
【04-人物.png】
【04-蚊子.png】
並縮放、移動到圖示位置

小提示

使用這個方法，可以將多張圖片，以圖層的方式，開啟在同一個檔案中。

設定邊框區域

1

新增【邊框】圖層

2

按 ▢【矩形選取工具】

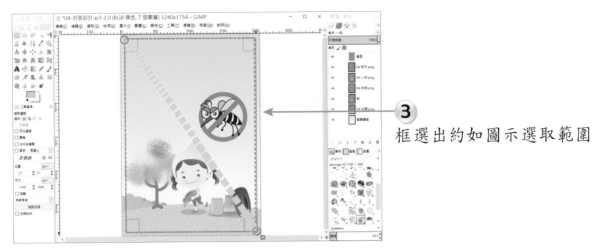

③ 框選出約如圖示選取範圍

④ 按【選取/反轉】

第
4
課

⑤ 按 【填色工具】

⑥ 點選【填上圖樣】

⑦ 按 ，點選

老師說

想將畫好的圖案另外匯出備份 (例如在 第4節 畫的彩色樹)，該怎麼做呢？
請看教學影片。

在這裡：＿＿＿＿＿＿＿＿＿＿＿＿＿＿＿＿＿＿＿

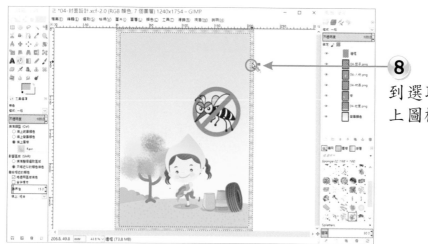

8

到選取範圍上點一下,填上圖樣

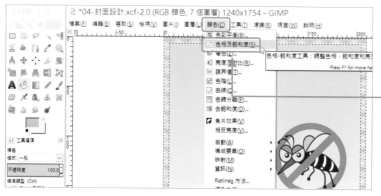

更改色相

1

按【顏色/色相及飽和度】

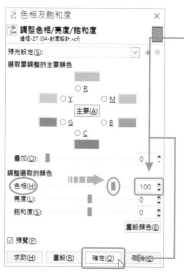

2

拖曳【色相】捲軸鈕,直到數值大約【100】

然後按【確定】

3

邊框圖樣的顏色由藍色變成紫紅色囉!

製作立體感的標題

標題只能是平面的文字嗎？那可不！簡單幾個步驟，就可以讓平面變立體喔！ Let's Go！

1

確定目前點選的是最上方的圖層，按 **A**【文字工具】

2

做以下設定：

· 字型 - DFHaiBao Std
　　　 (或其他粗一點的字體)

· 尺寸 - 190

· 顏色 -

第4課

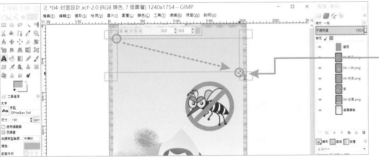

3

在圖示位置拖曳出一個較大的文字框

小提示

先拖曳出較大的文字框再輸入文字，可以避免字型較大時，文字被遮蔽的狀況。

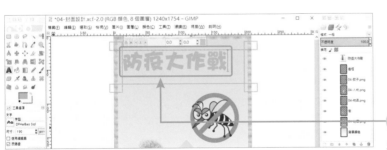

4

輸入【防疫大作戰】

 **老師說**

想修改文字內容，可在點選 **A** 狀態下，拖曳選取單一文字或文字串，即可進行修改。

※ 也可在浮動面板上更改字級與顏色喔！

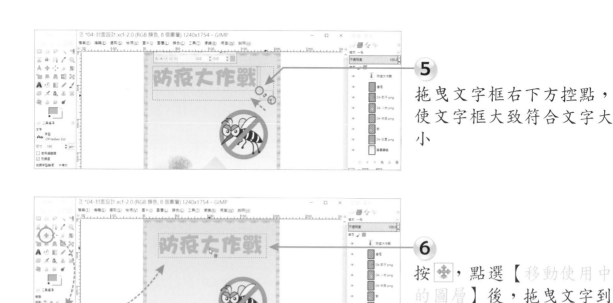

5
拖曳文字框右下方控點，使文字框大致符合文字大小

6
按 ✛，點選【移動使用中的圖層】後，拖曳文字到大約橫向居中的位置

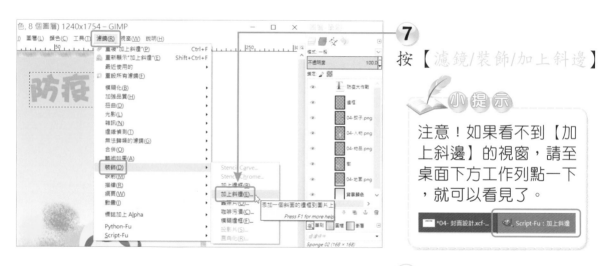

7
按【濾鏡/裝飾/加上斜邊】

小提示

注意！如果看不到【加上斜邊】的視窗，請至桌面下方工作列點一下，就可以看見了。

8
向右拖曳【厚度】捲軸鈕，直到數值約【20】

9
取消勾選【在圖片複製本上進行】後，按【確定】

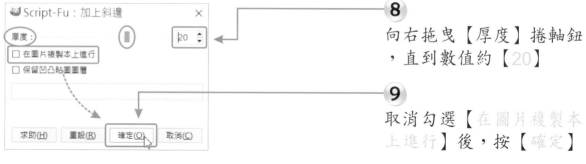

防疫大作戰 ⇨ 防疫大作戰

7 製作文字邊框與加上陰影

為了讓標題更立體、漂亮、醒目，加上邊框與陰影，是常用的手法喔！趕快來做！

擴張選取與填色

1 在標題的圖層上按右鍵

2 點選【透明色版轉為選取區域】

3 先點選【邊框】圖層，接著新增【白底】圖層

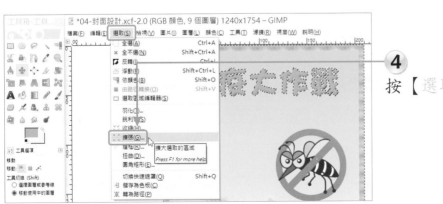

4 按【選取/擴張】

第4課

5 數值輸入【15】(單位：像素px)，然後按【確定】

6 按 🖌️，前景色設定為 □，點選【填上前景顏色】，然後到選取範圍上點一下，填入白色

加入陰影

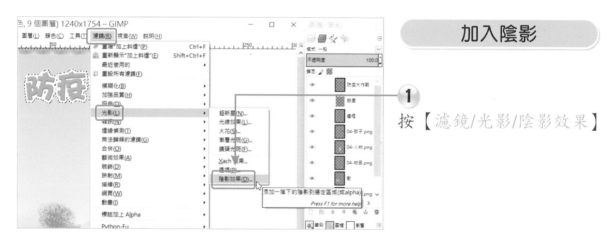

1 按【濾鏡/光影/陰影效果】

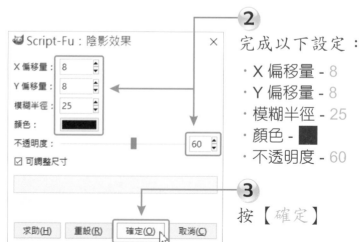

2 完成以下設定：

· X 偏移量 - 8
· Y 偏移量 - 8
· 模糊半徑 - 25
· 顏色 - ■
· 不透明度 - 60

3 按【確定】

④ 加上白色襯底邊框與陰影的標題，顯得更醒目、更有立體感！

⑤ 最後再加上副標題與製作人文字，這張專題報告的封面設計就完成囉！

記得要存檔喔！

第4課

老師說　　　　連結圖層

將圖層【連結】起來，可以用類似【群組】的方式，同時移動、縮放連結在一起的所有圖層喔！例如：

① 點一下【防疫大作戰】圖層 👁 右方的空格，使顯示 🔗 。

② 使用相同方法，使【Drop Shadow】與【白底】圖層也顯示 🔗 ，上述三個圖層便連結在一起，接著即可一起移動或一起縮放了。

※ 想取消連結，就點一下 🔗 ，使其消失即可。

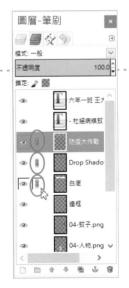

 練功囉

1. 下面哪個不是設計封面的要領？
   ☐ 標題大而清楚　　☐ 隨意就好　　☐ 插圖切合主題

2. 按住哪個按鍵，可以絕對垂直或水平填入漸層色彩？
   ☐ Enter　　　　☐ Ctrl　　　　☐ Shift

3. 想填入圖樣，要用哪個工具？
   ☐ ▨　　　　　☐ ✎　　　　　☐ 🪣

4. 想更改影像的色相，要按？
   ☐ 顏色/色相及飽和度　　　☐ 顏色/色調分離

 練功囉

運用本課學到的技巧，與【練功囉 -檔案/04】裡的圖片，以【環保愛地球 -節能減碳一起GO!】為主題，試著做出一張專題報告封面吧！

小提示：
組合以下圖片，輸入文字及製作文字效果

5 校園花卉巡禮

－ 相片拼貼、影像特效與彩繪文字

多圖展示、視覺特效
、彩繪文字，
超繽紛！

1 千變萬化的影像濾鏡

2 本課練習提要

影像加油站 - 準備合適的相片
與調整尺寸

3 相片拼貼 - 膠捲效果

4 底圖組合與旋轉

5 製作光芒效果

懂更多 - 仿製工具的使用

6 彩繪文字標題

1 千變萬化的影像濾鏡

善用(也可交互使用) GIMP 內建的【濾鏡】，就可在彈指之間，輕鬆製作出超多意想不到的視覺效果喔！例如：

 超新星

 同心圓波浪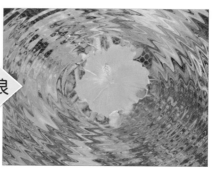

 幻覺

 潑濺

本課練習提要

大家認識的校園花卉有哪些呢？想一次就展示多張相片，該怎麼做？聽說【濾鏡】很厲害！是真的嗎？本課就來體驗一下吧！另外，我們還會學到【彩繪】文字喔！

第 5 課

想將多張相片拼貼在同一個影像上，除了要注意相片的品質外，還要把握【主題(主角)明顯】與【尺寸一致】，才能讓產生的拼貼影像，構圖整齊，且清楚好辨識喔！

主題(主角)偏一邊　　　　　　　主題(主角)居中較佳

可使用【裁切】技巧完成

尺寸一致 (例如皆為 1024 x 768)

可按【圖片/縮放圖片】調整尺寸

主題居中
尺寸一致

主題偏一邊
尺寸不一

相片拼貼 - 膠捲效果

想一次就展示多張相片，將它們拼貼成【膠捲】，是一個好方法喔！趕快來學！

1 按【檔案/開啟成為圖層】

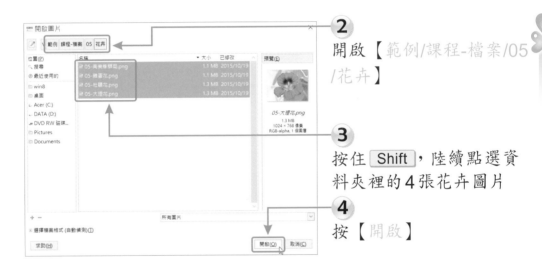

第5課

2 開啟【範例/課程-檔案/05/花卉】

3 按住 Shift，陸續點選資料夾裡的4張花卉圖片

4 按【開啟】

5 拖曳安排圖層上下順序為

05-雞蛋花.png
05-杜鵑花.png
05-南美蟛蜞菊.png
05-大理花.png

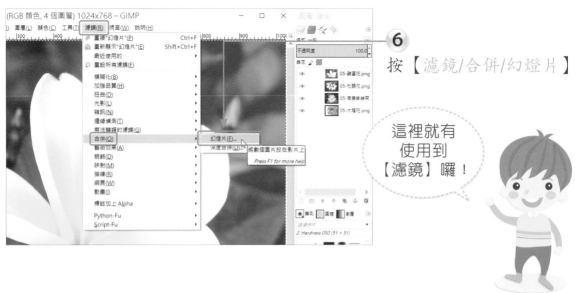

6 按【濾鏡/合併/幻燈片】

這裡就有
使用到
【濾鏡】囉！

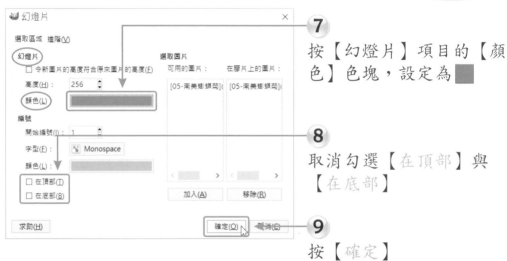

7 按【幻燈片】項目的【顏色】色塊，設定為▉

8 取消勾選【在頂部】與【在底部】

9 按【確定】

10 成功新增一個膠捲狀的相片拼貼影像

底圖組合與旋轉

相片拼貼成漂亮的膠捲囉！讓我們將它貼到一張底圖上，旋轉
一下、加上陰影，做出漂亮的組合吧！

貼上與更改圖層名稱

1
按膠捲影像視窗的【選取
/全選】

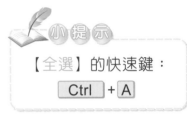

小提示

【全選】的快速鍵：

`Ctrl` + `A`

2
按【編輯/複製】

小提示

【複製】的快速鍵：

`Ctrl` + `C`

3
陸續按下目前兩個視窗的
×，將它們都關閉吧！

第5課

④ 開啟【範例/課程-檔案/
05/05-底圖.png】

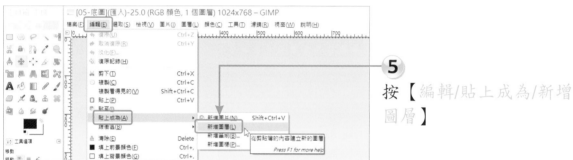

⑤ 按【編輯/貼上成為/新增
圖層】

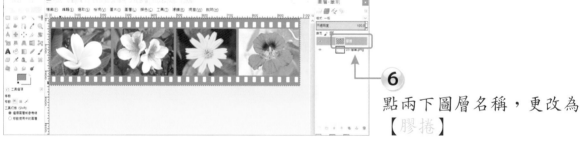

⑥ 點兩下圖層名稱,更改為
【膠捲】

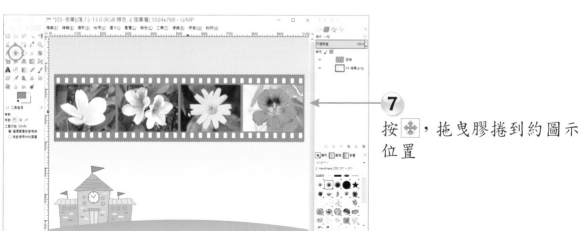

⑦ 按 ✛,拖曳膠捲到約圖示
位置

旋轉

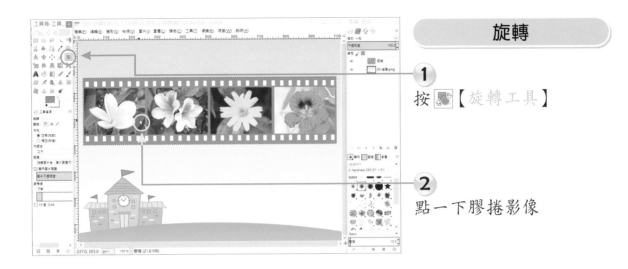

1
按 🔄【旋轉工具】

2
點一下膠捲影像

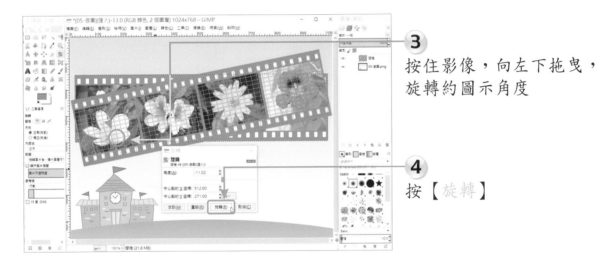

3
按住影像，向左下拖曳，
旋轉約圖示角度

第
5
課

4
按【旋轉】

5
按 🔲【縮放比例工具】，
等比例縮小影像，約圖示
大小

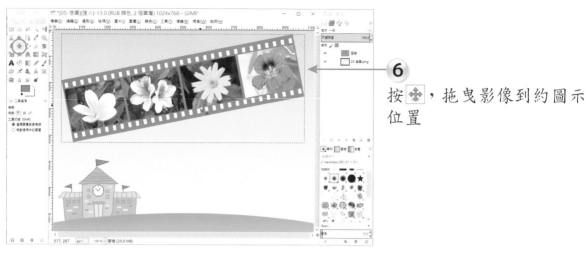

6

按 ，拖曳影像到約圖示位置

製作陰影與另存新檔

1

按【濾鏡/光影/陰影效果】，為膠捲影像加上陰影

2

按【檔案/另存新檔】，命名為【05-校園花卉巡禮.xcf】，預先儲存一下目前的成果吧！

老師說

當圖層數太多時，可在上方圖層按右鍵，點選【向下合併】，將上下兩個圖層合而為一。以此類推，可有效減少圖層，避免圖層多，而難以編輯。

5 製作光芒效果

GIMP 提供的【濾鏡】特效非常多！這一節讓我們以加入閃亮亮的光芒效果為例，體驗一下吧！

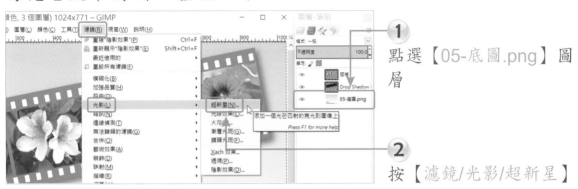

1 點選【05-底圖.png】圖層

2 按【濾鏡/光影/超新星】

3 拖曳十字線交叉點到約圖示位置(設定光芒的位置)

耶！
超炫！

4 接著設定：
· 顏色 - ▆
· 半徑 - 約 50
· 輪輻 - 約 200
· 隨機色相 - 0

5 按【確定】

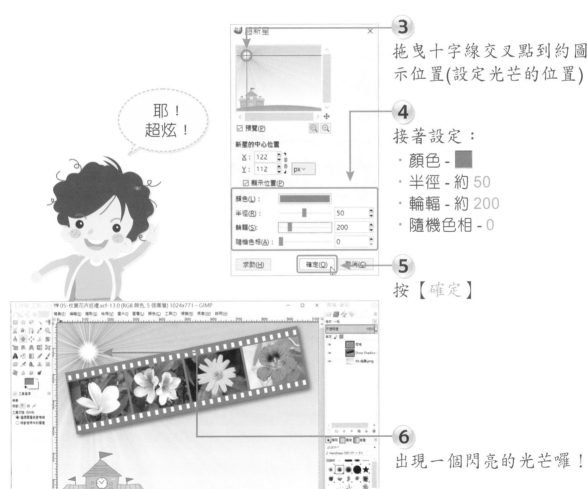

6 出現一個閃亮的光芒囉！

第 5 課

7 接著按【檔案/開啟成為圖層】，在最上方加入【05-校景.jpg】，縮小、旋轉、移動到圖示位置，並加上陰影吧！

 懂更多　　　**仿製工具的使用**

使用 🖌【仿製工具】，可以在同一張圖片上複製影像。例如：

❶ 按 🖌【仿製工具】後，設定筆刷樣式 (例如 ●) 與大小。

❷ 按住 **Ctrl**，到想仿製的影像約中心點，點一下，設定仿製來源的起點。

❸ 到想產生影像的地點，按住左鍵不放，此時在仿製來源上，也會顯示筆刷的軌跡圓圈圈。

❹ 依仿製來源的筆刷軌跡，開始塗抹，即可仿(複)製影像過來囉！

彩繪文字標題

【畫筆工具】不僅可以畫圖，還可以彩繪文字喔！讓我們將它用在製作標題上，看看會有多活潑漂亮吧！

1

使用 Ａ【文字工具】，在最上層輸入【祕密花園】標題，並拖曳到圖示位置

- 顏色 - ■或任意色彩
- 字型 - DFHaiBao Std
- 尺寸 - 110

小提示

要當作標題的文字，最好是選擇較粗的字型，才會醒目清楚。

第 5 課

2

在文字圖層上，按右鍵，點選【透明色版轉為選取區域】

3

在文字圖層下方新增一個透明圖層，然後點一下 👁 ，隱藏上方的文字圖層

隱藏　　祕密花園　　新增　　圖層

按 【畫筆工具】

做以下設定：

· 前景色 -
· 筆刷 -
· 大小 - 約 80

在選取範圍內的圖示區域
上，塗上色彩

我們要用不同的顏色
，分區將選取區域，
塗鴉成彩色的標題。

接著變換顏色，在其他區
域上，陸續塗上色彩，就
完成彩繪標題囉！

8

參考第4課第7節加入白框與陰影的技巧，讓標題更醒目吧！

9

最後再加上一個副標題：【校園花卉巡禮】，這張漂亮的作品就完成囉！

記得要存檔喔！

第5課

使用本課練習用的圖檔，還可以各別製作出花卉簡介。如此一來，就變成完整的校園花卉介紹囉！

雞蛋花

夾竹桃科
又名印度素馨、鹿角樹、
大季花、蛋黃花，
一般作觀賞用途。

杜鵑花

水晶蘭科，
又名為映山紅、滿山紅、
山石榴。全世界的杜鵑花
屬原種大約有960種。
杜鵑花是尼泊爾的國花

南美蟛蜞菊

菊科，
又名為維多利亞菊、穿
地龍、地錦花。為綠化
及美化植栽，在庭院、
公園的草皮極為常見。

大理花

菊科，
又名為西番蓮、大理菊、
苕菊、洋牡丹。
花型碩大、艷麗，是十分
常見的庭園花卉。

1. 使用哪個功能，可以創造影像特效？

   ☐ 顏色　　　　☐ 濾鏡　　　　☐ 圖片

2. 想將多張相片拼貼成膠捲效果，要按？

   ☐ 濾鏡/裝飾/加上邊框　　☐ 濾鏡/合併/幻燈片

3. 想旋轉影像，要用哪個工具？

   ☐ 　　　☐ 　　　☐

4. 想依文字產生選取區域，要在文字圖層上按右鍵，點選？

   ☐ 文字轉換為路徑　　　☐ 透明色版轉為選取區域

使用本課學到的技巧，與【練功囉-檔案/05】裡的圖片，試著做出如下的創意影像吧！

6 我的麻吉樹

— 圖層遮罩與濾鏡文字特效

創意寫真照，
這樣做，就對啦！

1 用【圖層遮罩】做相框

影像加油站 - 濾鏡文字特效

2 本課練習提要

3 製作圖層遮罩與反光效果

4 置入相片與擦除多餘的影像

5 揀選顏色與加入文字

6 製作濾鏡效果標題

大方送 - 相框模版

用【圖層遮罩】做相框

【圖層遮罩】就像圖片的打洞機，填上黑色就會鏤空變透明；但移除遮罩後，圖片就會還原，完全不會破壞原圖片喔！

圖片　　　　　　　　圖層遮罩　　　　　　　變成相框

相框　　　　　　　　相片　　　　　　　創意影像合成

 影像加油站　　　　濾鏡文字特效

使用【濾鏡】，也可以為文字加上特效！例如：

小石頭	小石頭	小石頭	小石頭
鍍鉻	發光文字	粉筆	光滑的文字
小石頭	小石頭	小石頭	小石頭
漸層斜面	立體輪廓	粒子軌跡	漫畫書
小石頭	小石頭	小石頭	
霓虹燈	乳牛斑紋	紋理	

金屬冷光

小石頭	小石頭	小石頭
異樣發光	異樣霓虹燈	鑿字

本課練習提要

這一課我們是以【圖層遮罩】來製作一個漂亮的相框、置入相片，完成一張創意寫真影像！另外，也會學到使用【濾鏡】來做標題文字喔！

第6課

哇！
超漂亮的
麻吉相框！

3 製作圖層遮罩與反光效果

讓我們用【圖層遮罩】的功能，將這張圖片變成麻吉好友的相框吧！

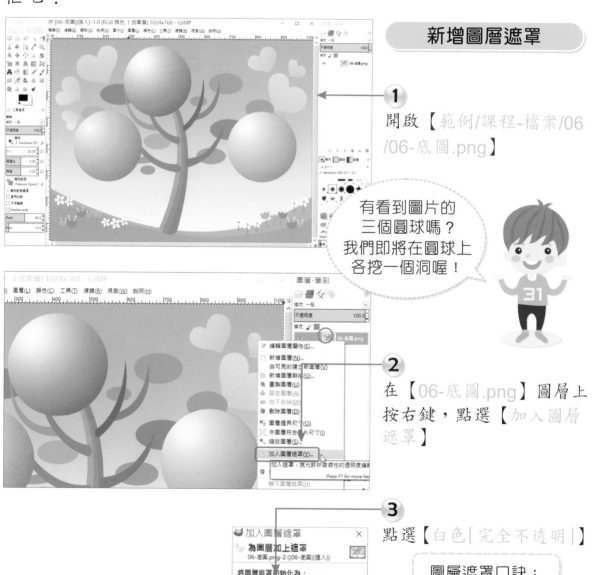

新增圖層遮罩

1

開啟【範例/課程-檔案/06/06-底圖.png】

有看到圖片的三個圓球嗎？我們即將在圓球上各挖一個洞喔！

2

在【06-底圖.png】圖層上按右鍵，點選【加入圖層遮罩】

3

點選【白色[完全不透明]】

圖層遮罩口訣：
塗白不影響圖片
塗黑就看不見

4

按【加入】

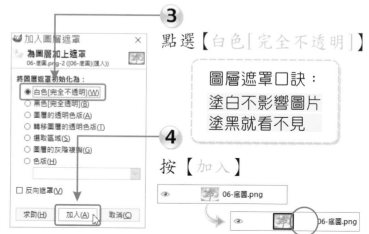

從中央擴展畫圓形

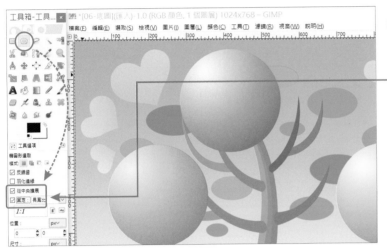

1 按 ◎【橢圓形選取工具】然後勾選【從中央擴展】與【固定】

2 到圖示圓形的中心點，拖曳出一個正圓形選取範圍

第6課

游標移到選取範圍中，可拖曳調整位置。

羽化與製作遮罩框

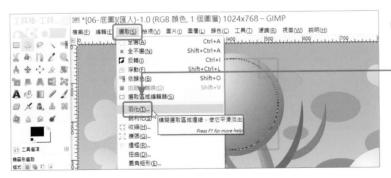

1 按【選取/羽化】

> 羽化就是把選取範圍邊緣，變得模糊，不要有太銳利的感覺。

羽化選取區域

選取區域邊緣羽化程度：

20　px

求助(H)　確定(O)　取消(C)

2 羽化程度輸入【20】(單位px)，然後按【確定】

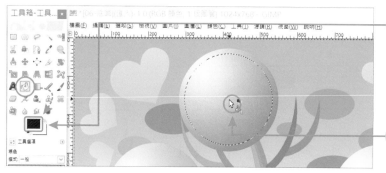

3

按 🎨 前景色設定為 ■
(黑色)

4

到選取範圍上點一下，填
入黑色

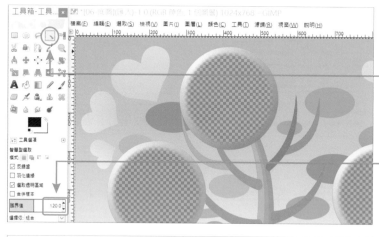

5

填入黑色的地方變透明
(羽化的地方則變半透明)

6

使用相同技巧，也在另兩
個圓形上，製作出羽化的
遮罩框吧！

繪製反光效果

1

按 ✏ 【智慧型選取工具】

2

臨界值設定為【120】

3

點一下圖示透明區域

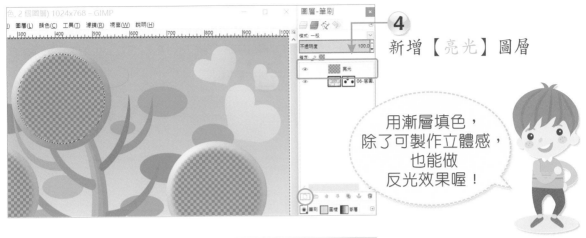

4 新增【亮光】圖層

用漸層填色，
除了可製作立體感，
也能做
反光效果喔！

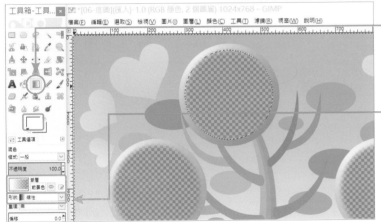

5 按 ▦【混色工具】

6 做以下設定：

· 前景色 - □ (白色)
· 漸層 - 前景色至透明
· 形狀 - 線性

第6課

7 如圖示方向，分別在上下方，拖曳填入白色到透明的漸層 (反光效果)

接著按 Ctrl + Shift + A 取消選取

老師說 　刪除圖層遮罩

在遮罩的圖層上，按右鍵，點選【刪除圖層遮罩】
，即可將它刪除。(圖片也會恢復原貌喔！)

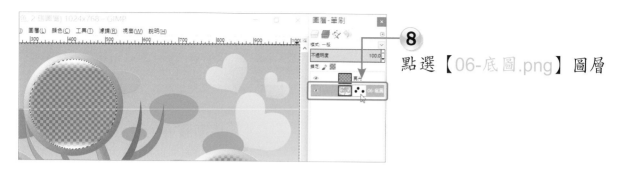

8 點選【06-底圖.png】圖層

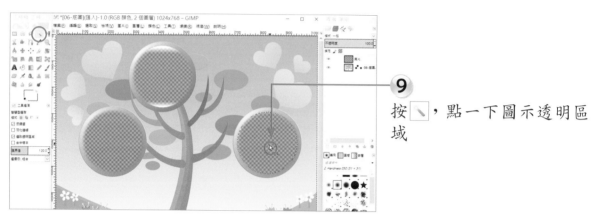

9 按 ✎，點一下圖示透明區域

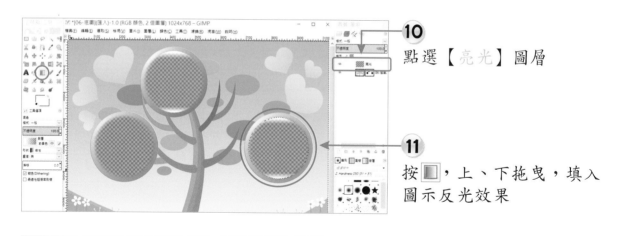

10 點選【亮光】圖層

11 按 ▨，上、下拖曳，填入圖示反光效果

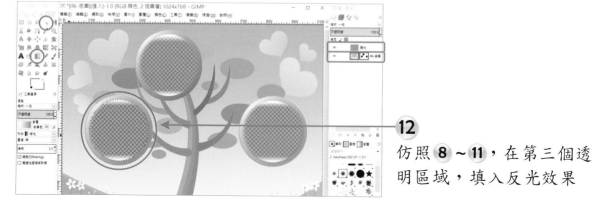

12 仿照 **8**～**11**，在第三個透明區域，填入反光效果

置入相片與擦除多餘的影像

相框已經做好囉！緊接著置入相片，調整大小與位置，讓它們各就各位吧！

① 按【檔案/開啟成為圖層】，置入【06-男生01.jpg】

② 按 ▦，等比例縮小相片約圖示大小

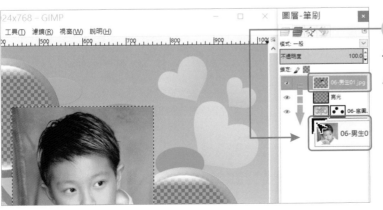

③ 按住【06-男生01.jpg】圖層，拖曳到最下方

第6課

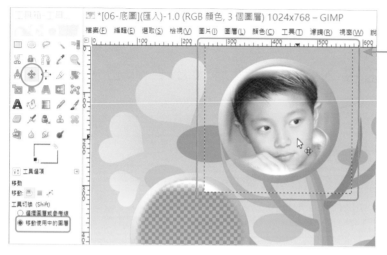

4

按 ，點選【移動使用中的圖層】，拖曳相片到圖示透明區域中

小提示

若有需要，可以按 🖼
，點一下相片，進行
縮放微調喔！

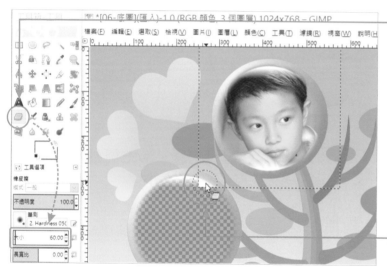

5

左下方若出現多餘的影像
，就按 ◻【橡皮擦工具】
，大小設定約【60】

遮罩距離較近的話，
放置於下方的相片，
局部影像可能也會超
出至鄰近的遮罩中。

6

塗抹擦除穿幫的影像

7

接著陸續將【06-男孩02
.jpg】與【06-女孩.jpg】
置入進來吧！

練習至此，按【檔案/另存
新檔】，命名為【06-我的
麻吉樹.xcf】，預先儲存
一下！

5 揀選顏色與加入文字

想設定文字顏色或填入色彩時，揀選圖片上現成的顏色，可以省去很多功夫喔！趕快來學！

1
點選【06-底圖.png】圖層

2
按 ✏️【顏色挑選工具】，點一下橘色球的邊緣，揀選顏色

> 【顏色挑選工具】只能揀選所點選圖層的圖片顏色喔！

第6課

3
按 A【文字工具】，在圖示位置點一下，輸入文字

・字型 - DFHaiBao Std
・尺寸 - 60
・內容 - 林小卉
(顏色即為剛剛揀選的色彩)

4
若有需要，按 ✛，拖曳文字到約圖示位置

5
在文字圖層上，按右鍵，點選【透明色版轉為選取區域】

6

按【選取/擴張】後，數值輸入【5】(單位px)，再按【確定】

7

新增【黑底】圖層，拖曳到文字圖層下方；接著按🪣，填入黑色

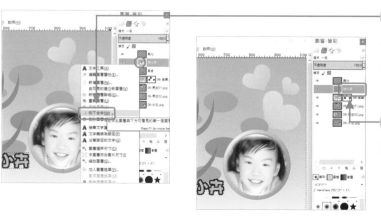

8

在文字圖層上，按右鍵，點選【向下合併】，使與【黑底】圖層合併

9

點兩下圖層名稱，更改為【林小卉】

10

仿照 **1** ～ **9** 技巧，陸續完成圖示的姓名標示

製作濾鏡效果標題

用【濾鏡】也可以快速製作文字特效！現在就讓我們用它來做一個漂亮的標題吧！

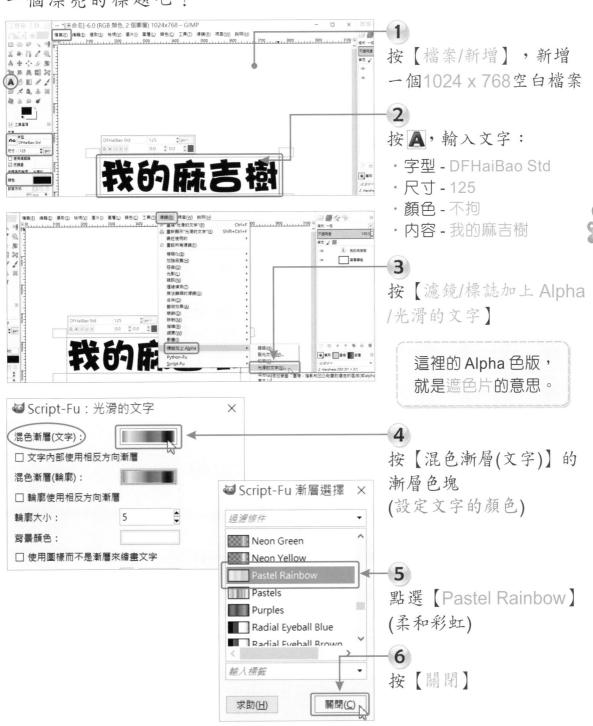

1 按【檔案/新增】，新增一個1024 x 768空白檔案

2 按 **A**，輸入文字：
- 字型 - DFHaiBao Std
- 尺寸 - 125
- 顏色 - 不拘
- 內容 - 我的麻吉樹

3 按【濾鏡/標誌加上 Alpha /光滑的文字】

> 這裡的 Alpha 色版，就是遮色片的意思。

4 按【混色漸層(文字)】的漸層色塊
(設定文字的顏色)

5 點選【Pastel Rainbow】
(柔和彩虹)

6 按【關閉】

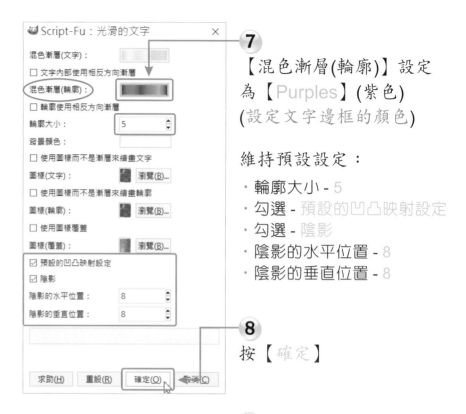

7

【混色漸層(輪廓)】設定
為【Purples】(紫色)
(設定文字邊框的顏色)

維持預設設定：

· 輪廓大小 - 5
· 勾選 - 預設的凹凸映射設定
· 勾選 - 陰影
· 陰影的水平位置 - 8
· 陰影的垂直位置 - 8

8

按【確定】

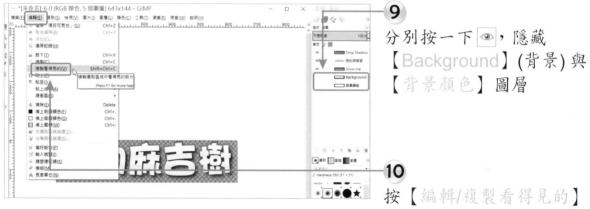

9

分別按一下 👁，隱藏
【Background】(背景) 與
【背景顏色】圖層

10

按【編輯/複製看得見的】

11

視窗切換回【06-我的麻吉
樹.xcf】，點選【06-底圖
.png】圖層後，按【編輯/
貼上成為/新增圖層】

12

按，拖曳標題到圖示位置，這張創意麻吉樹就完成囉！

記得要存檔喔！

大方送　相框模版

在本書光碟【大方送】資料夾中，有很多【相框模版】要送給你喔！

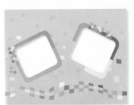

第6課

1. 什麼功能就像是圖片的打洞機 ?

   ☐ 向下合併　　　　☐ 重製圖層　　　☐ 圖層遮罩

2. 將黑色填入圖層遮罩，會變成 ?

   ☐ 鏤空透明　　　　☐ 填滿黑色　　　☐ 漸層

3. 想揀選顏色，要用哪個工具 ?

   ☐ 　　　☐ 　　　☐ 🖌

4. 濾鏡文字特效，在【濾鏡】的哪個項目 ?

   ☐ 標誌加上 Alpha　☐ 裝飾　　　☐ 藝術效果

 練 功 囉

使用本課學到的技巧，與【練功囉-檔案/06】裡的圖片，試著做出如下的本月之星告示吧！

標題使用【發光文字】濾鏡特效喔！

海報設計大賽

－ 形狀／文字內嵌圖片與路徑文字

創意與技巧，
完美搭配！

1 圖片內嵌與路徑文字

形狀或文字中內嵌圖片，可以做出很多造型圖案與藝術字。善加使用，就能讓設計作品更生動、更有創意喔！

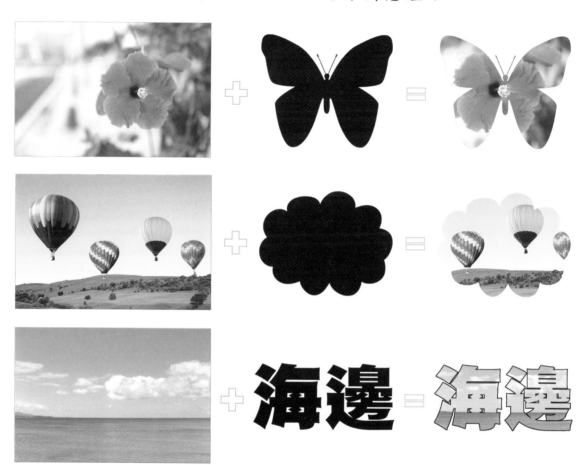

【路徑文字】，則是讓文字沿著路徑走。使原本只能橫向或直向的文字，隨你的意思排列，讓文字表現更活潑！

2 本課練習提要

海報設計大賽來囉！這次的主題是【性別平等】。讓我們用內嵌圖片與路徑文字功能，來練習設計這張海報吧！
(技巧學會後，你就可以發揮創意，設計一張來參賽喔！)

第 7 課

尊重彼此，
不分性別！

3 設計背景

開始動手作海報囉！首先讓我們用濾鏡，快速完成一個雲狀影像、並插入一張插畫來當背景吧！

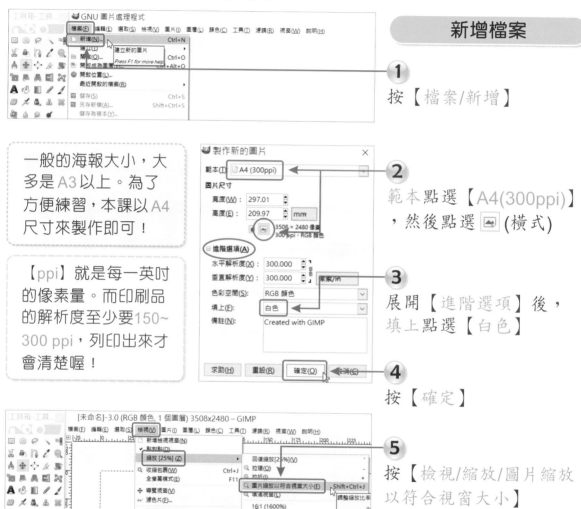

1 按【檔案/新增】

一般的海報大小，大多是 A3 以上。為了方便練習，本課以 A4 尺寸來製作即可！

【ppi】就是每一英吋的像素量。而印刷品的解析度至少要150~300 ppi，列印出來才會清楚喔！

2 範本點選【A4(300ppi)】，然後點選 ▦ (橫式)

3 展開【進階選項】後，填上點選【白色】

4 按【確定】

5 按【檢視/縮放/圖片縮放以符合視窗大小】

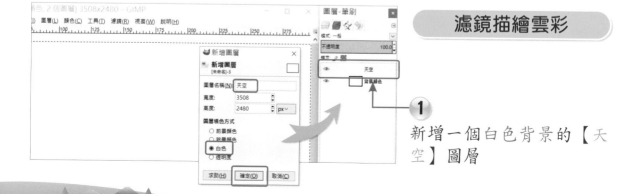

濾鏡描繪雲彩

1 新增一個白色背景的【天空】圖層

在白色背景上，才能產生雲狀花紋。若用其他顏色，會產生負片效果；使用透明背景，則無法運算。

2 按【濾鏡/描繪/雲狀/差值雲...】

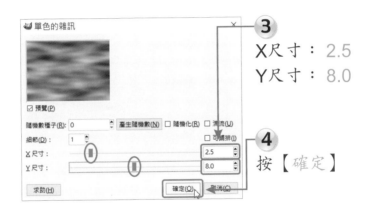

3 X尺寸：2.5
Y尺寸：8.0

4 按【確定】

第 7 課

著色與漸層圖層遮罩

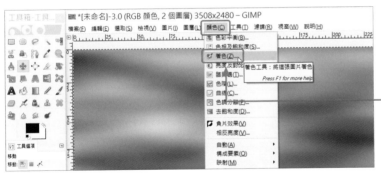

1 按【顏色/著色】

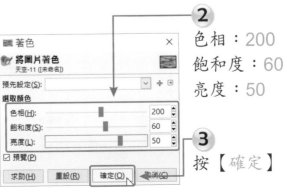

2 色相：200
飽和度：60
亮度：50

3 按【確定】

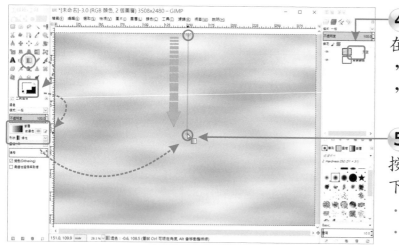

④

在【天空】圖層上按右鍵
，點選【加入圖層遮罩】
，新增一個遮罩

⑤

按 🔲【混色工具】，做以
下設定：
· 前景色 - 白色
· 背景色 - 黑色
· 漸層 - 前景色至背景色(RGB)
· 形狀 - 線性

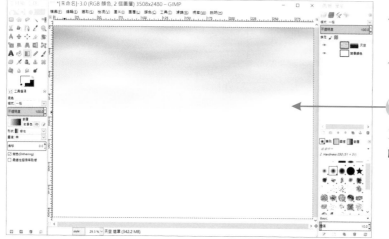

然後如圖示，由上向下拖
曳至中間左右的位置，填
入漸層色彩

⑥

完成一個下方呈現漸層透
明的雲彩天空囉！

⑦

按【檔案/開啟成為圖層】
，置入【範例/課程-檔案/
07/07-插圖.png】，然後
拖曳到圖示位置

接著按【檔案/儲存】，命
名為【07-海報設計.xcf】
，預先儲存一下檔案吧！

4 形狀內嵌圖片

既然是強調男女平等、和諧相處的海報，就讓我們用一個愛心形狀圖案，內嵌男女合照，來當作主視覺吧！

置入圖案

1 按【檔案/開啟成為圖層】置入【07-心形圖案.png】，然後拖曳到圖示位置

2 在【07-心形圖案.png】圖層上，按右鍵，點選【透明色版轉為選取區域】

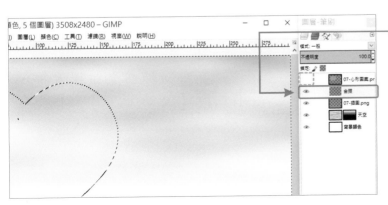

3 隱藏心形圖案圖層後，新增一個透明背景的【合照】圖層

第 7 課

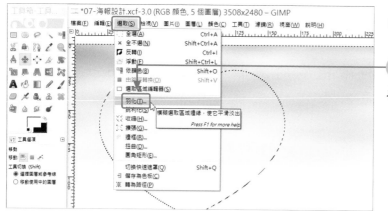

羽化選取範圍

1

按【選取/羽化】

羽化選取範圍，嵌入
圖片後的邊緣，就會
呈現柔和的漸層透明
效果。

2

先選擇單位：像素 px，邊
緣羽化程度再輸入【100】
，然後按【確定】

嵌入圖片(相片)

1

按【檔案/開啟】，開啟
【07-合照.jpg】後，按
Ctrl + A 全選，接著按
Ctrl + C 複製

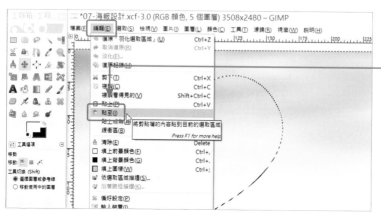

2

視窗切換回海報檔案後，
按【編輯/貼至】

3 相片貼入到選取範圍裡面囉！

4 在【浮動選取區域】圖層上，按右鍵，點選【固定圖層】

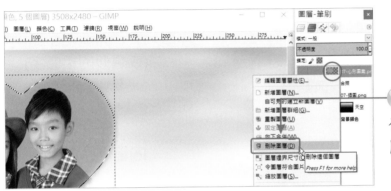

第 7 課

5 在【07-心形圖案.png】圖層上，按右鍵，點選【刪除圖層】

6 按 Ctrl + Shift + A ，取消選取吧！

 老師說

如果想要縮放形狀中的圖片大小，就必須用另一種方法，才能做到喔！
方法請看教學影片。

在這裡：

5 文字內嵌圖片

圖片可以嵌入形狀中，也可以嵌入文字中喔！這一節就讓我們來製作一個這樣的標題吧！

輸入文字

1

按 Ⓐ 輸入圖示文字，再按 ✛ 拖曳到圖示位置

- 字型 - DFGothic-EB (或類似的粗體字)
- 尺寸 - 約 320
- 顏色 - 不拘

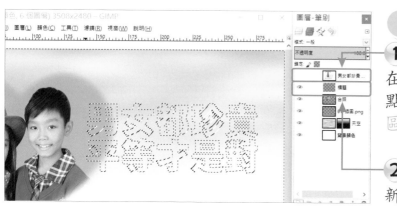

內嵌圖片

1

在文字圖層上，按右鍵，點選【透明色版轉為選取區域】後，隱藏該圖層

2

新增【標題】圖層

3

按【檔案/開啟】，開啟【07-花海.jpg】後，按 Ctrl + Ⓐ 全選，接著按 Ctrl + Ⓒ 複製

視窗切換回海報檔案後，按【編輯/貼至】

調整圖片位置

1 按✛，勾選【移動使用中的圖層】

2 按住選取框內任一處，向下拖曳，移動圖片到約圖示位置

(調整置入影像的位置，以顯示不同層次的色彩感)

第 7 課

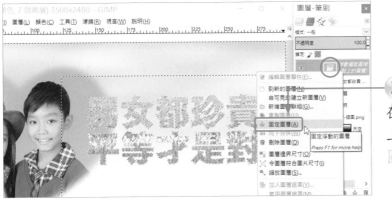

3 在【浮動選取區域】圖層上，按右鍵，點選【固定圖層】

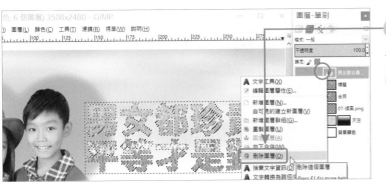

4 在文字圖層上，按右鍵，點選【刪除圖層】

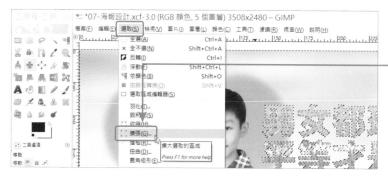

1

按【選取/擴張】，擴大 15(px)選取範圍

2

在【標題】圖層下，新增 【黑底】圖層

3

按 🪣，填入 黑色

4

按【選取/擴張】，擴大 20(px)選取範圍

5

在【黑底】圖層下，新增 【白底】圖層

6

按 🪣，填入 白色

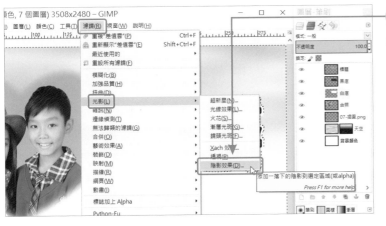

⑦
按【濾鏡/光影/陰影效果】
，製作陰影

⑧
使用【向下合併】技巧，
合併標題、黑底、白底與
陰影圖層後，更改圖層名
稱為【標題】

接著按 Ctrl + Shift + A
取消選取

第7課

 影 像 加 油 站　　文字內嵌圖片原則

文字要挑選較粗的字型，才能讓內嵌的圖片顯示較清楚喔！

6 製作路徑文字

讓文字沿著路徑走吧！這樣一來，文字的視覺表現就可以更活潑、多樣了！趕快來做做看！

1

按 **A**，輸入文字，然後按 ✛ 拖曳到圖示位置

- 字型 - AR YuanB5 或類似粗體字
- 尺寸 - 約 100
- 顏色 - 不拘
- 內容 - 男生女生並肩走，性別平等靠你我。男生女生並肩走，性別平等靠你我。

2

按 【路徑工具】，在圖示位置點一下，畫第一個節點

3

在圖示位置點一下，畫第二個節點的同時，向右上方拖曳，拖曳出圖示曲線

4

到圖示位置點一下，畫第三個節點，完成一條開放性的路徑

文字路徑化與產生選取

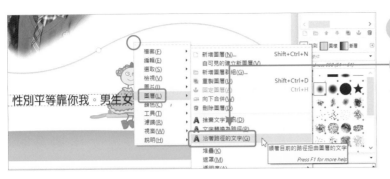

1
在頁面上，按右鍵，點選
【圖層/沿著路徑的文字】

2
新增【路徑文字】圖層

3
在頁面上，按右鍵，點選
【選取/由路徑轉換】

填入顏色與隱藏路徑

1
按，前景色設定為黑色
；接著點一下選取範圍，
填入顏色

2
按，開啟路徑面板

3
點一下路徑圖層前方的
，將圖層隱藏起來

④ 按 ▨，回到影像圖層面板

⑤ 隱藏或刪除原文字圖層

⑥ 有需要的話，可按 ✛，拖曳調整一下路徑文字的位置，這張海報就完成囉！

最後記得要存檔喔！

 練 功 囉

試著畫出如左圖的背景，再利用【範例/練功囉-檔案/07】裡的圖片，完成校慶園遊會宣傳海報吧！

小提示：

● 背景下方的綠地 - 橢圓形→填入線性漸層

● 插圖 - 07-小樹.png、07-學校.png、07-人物.png

● 【校慶】標題 - 文字內嵌：07-花兒.jpg

● 【園遊會】標題 - 填入線性漸層

8 動畫加油卡

— 圖層群組、動態筆刷、編輯與匯出動畫

卡片卡片，
動起來！

1 動畫的原理與畫格的構想

2 本課練習提要

3 建立與複製圖層群組

4 旋轉與另存成PNG格式

5 新增卡片檔案與匯入公仔

6 用動態筆刷畫圖與加入文字

7 製作組圖與匯出動畫

大方送 - 動畫圖案

動畫的原理與畫格的構想

動畫的製作原理，就是利用【視覺暫留】現象，也就是在看到下一張影像前，現在的影像會暫時停留在視網膜上的現象。再藉由【快速播放】的方式，播放一張張圖片(影像)，就會產生動畫效果。例如：

站立　　　　　　　跳起　　　　　　　蹲下

使用的圖片越多，動作就越細膩，但檔案也會越大喔！

構成【動畫】的多張圖片，每張都要有差異性，但沒有強制規定，原則上必須【不同】，才會有【動】的感覺！所以在製作動畫前，要先構思好每一格的畫面喔！
例如：

利用姿勢與圖案的不同，製作出差異性。

本課練習提要

普通的電子卡片不稀奇，會動的才特別！還記得第2課製作的個人公仔嗎？請他出場當主角，做一張動畫卡，幫好友在考試、競賽、生活....上，加油打打氣吧！

變換姿勢，各別匯出。

置入到卡片上，加入圖案與文字。

預覽後，匯出成動畫，就完成啦！

3 建立與複製圖層群組

讓我們將公仔頭部相關的圖層集中放入【圖層群組】並複製群組，準備編輯出不同的姿勢吧！

新增群組與置入圖層

①

開啟【範例/課程-檔案/08/08-公仔塗鴉.xcf】

②

按一下 📁【建立新的圖層群組】，新增一個圖層資料夾

③

快速點兩下圖層群組的名稱，更名為【群組1】，按 Enter 確定

④

按住【頭部】圖層不放，拖曳到【群組1】的名稱上，將它置入資料夾中

> 拖曳到群組的 📁 上，亦可置入，但拖曳第二個進入時，卻容易失敗！而拖曳到名稱上就沒有這個問題。

138

接著再將【帽子與眼鏡】
圖層，拖曳入資料夾中

> 後置入的圖層，會排
> 列在群組裡的上層。

6

按一下群組前方的 ⊟，將
群組收合起來

小提示

按一下 ⊟ → 收合
按一下 ⊞ → 展開

複製群組

第
8
課

1

在【群組1】上，按右鍵
，點選【重製圖層】，複
製群組

2

將第二個群組更名為【群
組2】

3

從【群組2】上重製圖層
，再更名為【群組3】

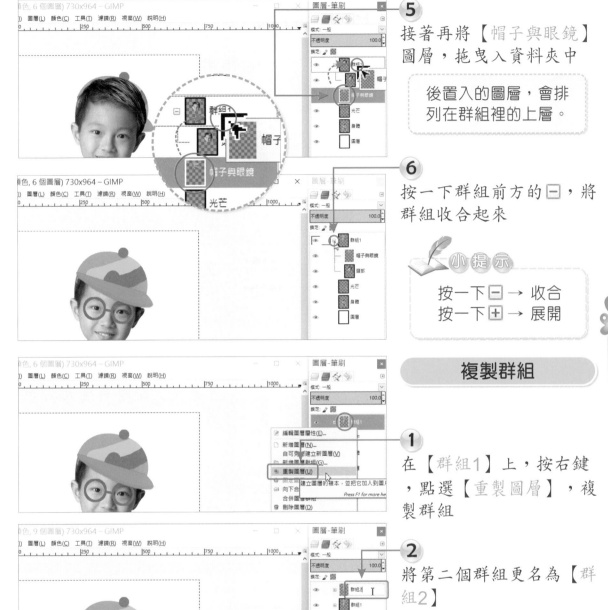

4 旋轉與另存成 PNG 格式

接著讓我們點選各群組，旋轉一下，編輯出不同的姿勢吧！

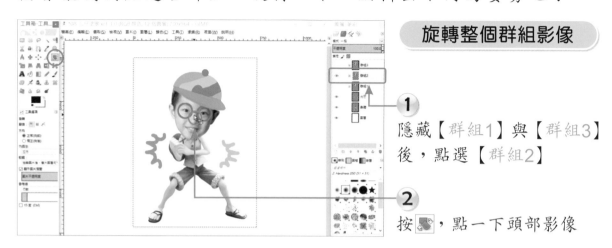

旋轉整個群組影像

1 隱藏【群組1】與【群組3】後，點選【群組2】

2 按 ，點一下頭部影像

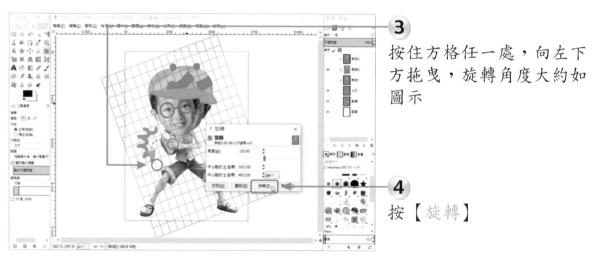

3 按住方格任一處，向左下方拖曳，旋轉角度大約如圖示

4 按【旋轉】

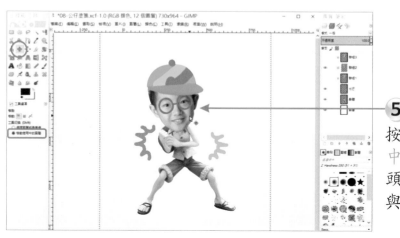

5 按 ，先點選【移動使用中的圖層】，再拖曳調整頭部位置約如圖示，讓頭與身體間的位置較自然些

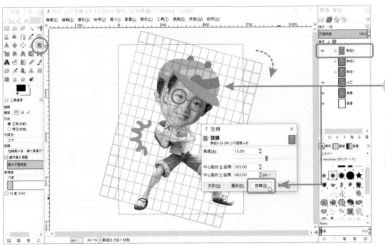

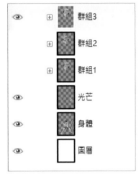

6 隱藏【群組2】、顯示並點選【群組3】，接著按 🖌️，旋轉頭部角度約如圖示

第8課

7 按 ✛，調整頭部位置約如圖示

匯出成 PNG 格式

1 顯示 - 群組1、光芒、身體
隱藏 - 群組2、群組3以及最下方的白色圖層

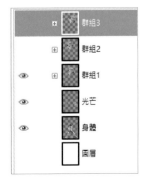

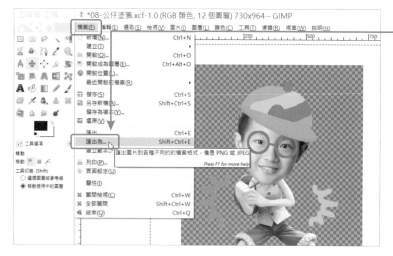

2

按【檔案/匯出為...】，命
名為【08-公仔01.png】匯
出成 PNG 格式檔案

練習至此，也可順便
按【檔案/另存新檔】
，將此編輯成果命名
為【08-公仔編輯.xcf】
儲存起來，以備隨時
開啓編修。

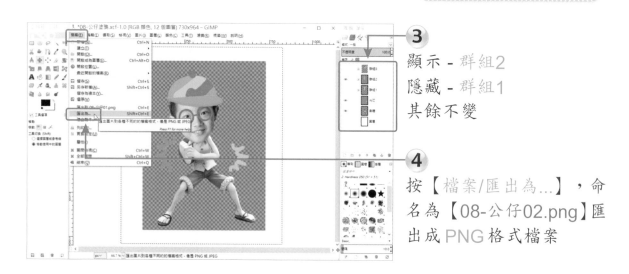

3

顯示－群組2
隱藏－群組1
其餘不變

4

按【檔案/匯出為...】，命
名為【08-公仔02.png】匯
出成 PNG 格式檔案

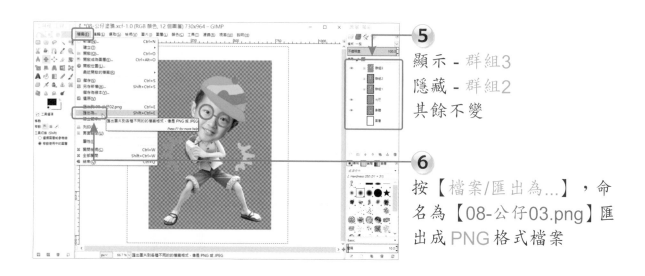

5

顯示－群組3
隱藏－群組2
其餘不變

6

按【檔案/匯出為...】，命
名為【08-公仔03.png】匯
出成 PNG 格式檔案

新增卡片檔案與匯入公仔

新增一張卡片檔案，填入色彩，匯入第4節製作的三個公仔，再用【連結】的方式，同時縮小到適當大小，並安排位置吧！

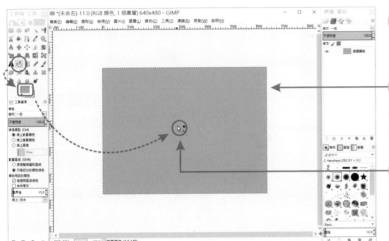

新增檔案與置入圖案

① 新增一個640 x 480 (px) 的檔案

② 按 ，填入

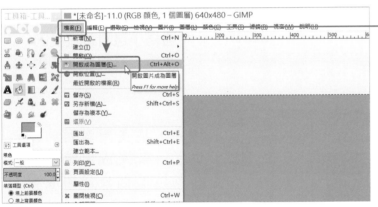

③ 按【檔案/開啟成為圖層】依序匯入08-公仔01～08-公仔03.png，這三張圖案

> 這三張圖案，就是第4節的練習成果喔！

④ 成功匯入三張公仔圖案為圖層

> 接著我們要利用【連結】圖層的方式，同時等比例縮小這三個公仔。

第8課

連結圖層與縮小圖案

1 分別點一下這三個公仔圖層縮圖前方的 □ 成為 ，連結這三個圖層

> 小提示
>
> 再點一下 ⊗ 成為 □，即可解除連結。

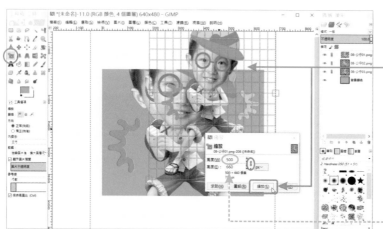

2 按 ，等比例縮放圖片，約圖示大小，然後按【縮放】

> 小提示
>
> 邊縮小邊看著寬度的數值，直到約【500】

3 按 ✛，拖曳圖案到約圖示位置，就完成同時縮小與移動這三個公仔圖層囉!

> 按【檔案/儲存】，將目前成果命名為【08-動畫加油卡.xcf】，預先儲存起來吧!

 **老師說**

用【連結】與【圖層群組】，都可以同時縮放、旋轉、移動多個圖層，差異是:連結 - 若想連結另外一組圖層,需先取消目前的連結狀態。

　　　　　圖層群組 - 直接點選圖層群組,即可切換群組來編輯。

⑥ 用動態筆刷畫圖與加入文字

只有姿勢不同，動畫的感覺好像還不夠...對了！用動態筆刷畫一些星星圖案，製作從中間往外散開的感覺吧！

①
按所有 ![eye] 成 ▢ 取消連結
隱藏 - 08-公仔02.png
　　　 08-公仔03.png

點選 -【背景顏色】圖層

②
按 ![new layer]，新增【星星1】透明圖層

③
按 ![brush]【畫筆工具】，顏色設定為白色，筆刷點選 ★ 樣式

④
大小設定為【60】，然後按 ![icon]，點選【Dynamics Randon】(隨機動態)

第8課

5

勾選【套用抖動】後，
【量】設定為【1】

小提示

【套用抖動】就是讓
圖案隨機散佈在不同
位置。量越大，散佈
的範圍越廣。

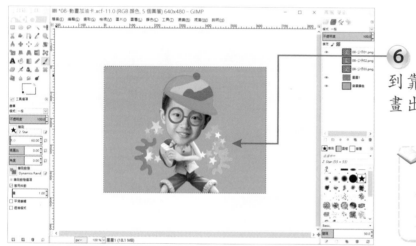

6

到靠近公仔的兩側，拖曳
畫出星星圖案

小提示

多拖曳塗抹幾下，可
讓星星圖案更多、更
清楚。

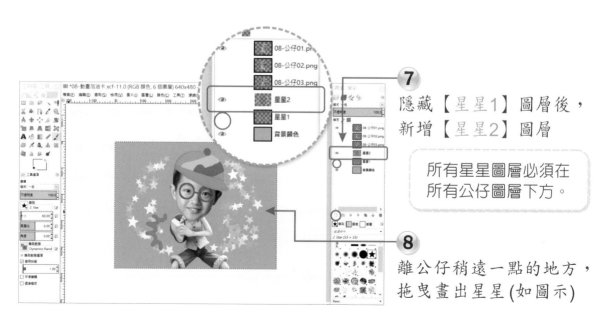

7

隱藏【星星1】圖層後，
新增【星星2】圖層

所有星星圖層必須在
所有公仔圖層下方。

8

離公仔稍遠一點的地方，
拖曳畫出星星(如圖示)

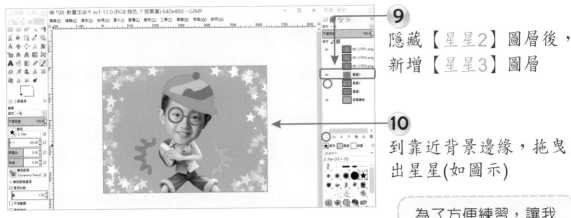

9 隱藏【星星2】圖層後，新增【星星3】圖層

10 到靠近背景邊緣，拖曳畫出星星(如圖示)

為了方便練習，讓我們匯入預先製作好的範例字卡吧！

11 點選最上方的公仔圖層後，按【檔案/開啟成為圖層】，置入【範例/課程-檔案/08/08-加油.png】，並拖曳到圖示位置

第8課

12 再置入一次【08-加油.png】，拖曳到圖示位置

按快速鍵 Ctrl + S ，將這個【08-動畫加油卡.xcf】儲存起來吧！

 老師說

若要使用一般的筆刷來畫圖，點選 ✏️【畫筆工具】後，🔲(筆刷動態)記得要點選【Dynamics Off】(關閉動態)，同時要取消勾選【套用抖動】喔！

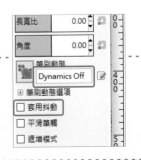

7 製作組圖與匯出動畫

接著讓我們利用隱藏與顯示圖層的功能，製作出畫面的變化，再將圖片匯出成GIF動態圖片，就完成動畫製作囉！

1

顯示與隱藏圖層如下圖，接著按【編輯/複製看得見的】

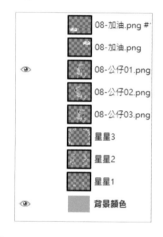

2

按【編輯/貼上成為/新增圖片】

> 第5、6節製作的檔案是動畫卡的專案原始檔(08-動畫加油卡.xcf)，可隨時開啟編修。而組圖則是讓我們新增檔案來製作。

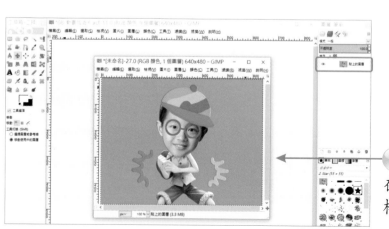

3

在新圖片上貼上第一個畫格(圖層)

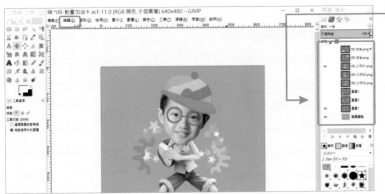

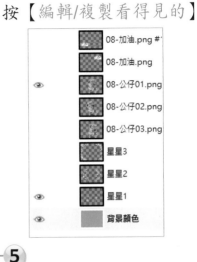

4

切換回原來的編輯視窗，
隱藏與顯示圖層如下。再
按【編輯/複製看得見的】

5

切換到剛剛新增的圖片視
窗，按【編輯/貼上成為/
新增圖層】

6

切換回原來的編輯視窗，
隱藏與顯示圖層如下。再
按【編輯/複製看得見的】

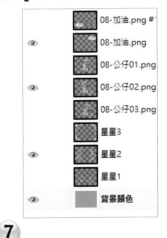

7

切換到剛剛新增的圖片視
窗，按【編輯/貼上成為/
新增圖層】

8

切換回原來的編輯視窗，
隱藏與顯示圖層如下。再
按【編輯/複製看得見的】

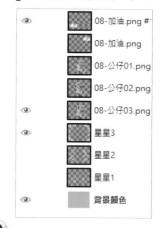

		08-加油.png #
		08-加油.png
		08-公仔01.png
		08-公仔02.png
		08-公仔03.png
		星星3
		星星2
		星星1
		背景顏色

9

切換到剛剛新增的圖片視
窗，按【編輯/貼上成為/
新增圖層】

預覽與匯出 GIF 動畫

1

儲存動畫組圖檔案為【08
-動畫加油卡-組圖.xcf】
(拖曳放大視窗如圖示)

2

按【濾鏡/動畫/播放】

3

速度設定為【0.25 x】
(速度減為 1/4) 後，按
【播放】預覽動畫

小提示

播放速度可視需要來
調整，每個動畫可能
會不一樣喔！

4

預覽完畢，按 × 關閉預
覽視窗

第8課

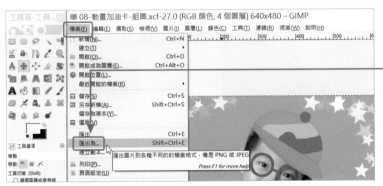

5

按【檔案/匯出為...】

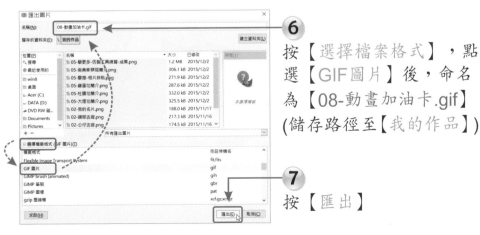

6

按【選擇檔案格式】，點
選【GIF圖片】後，命名
為【08-動畫加油卡.gif】
(儲存路徑至【我的作品】)

7

按【匯出】

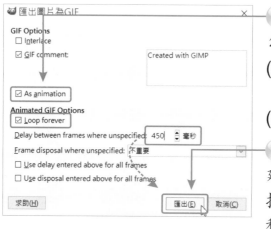

8

勾選【As animation】
(作為動畫)與
【Loop forever】
(循環播放)

9

延遲時間(每一張圖片的
播放時間)輸入【450】毫
秒後,按【匯出】,就會
匯出成動畫囉!

小提示

1,000 毫秒 = 1 秒。

10

到儲存資料夾點兩下 GIF
動畫檔,就會以電腦預設
程式,播放動畫囉!

08-動畫加油卡.
gif

大方送 動畫圖案

在本書光碟【大方送】資料夾中,有許多可以讓你加上自己的頭像,
組合成動畫的圖案,要送給你喔!